身體上的世界史

馬丁路德的腸子、秋瑾的小腳、華盛頓的假牙，他們的身體如何改變歷史？

A History of the World Through Body Parts

The Stories Behind the Organs, Appendages, Digits, and the Like Attached to (or Detached from) Famous Bodies

凱瑟琳・皮特拉斯、羅斯・皮特拉斯——著
林楸燕——譯

目錄

前言

本書的構想源自於一個聞名世界的鼻子，明確地說是克麗奧佩脫拉的鼻子——更明確地說，是數學家布萊茲・帕斯卡（Blaise Pascal）對它的觀察。

「克麗奧佩脫拉的鼻子如果短一些，世界的樣貌將因此而改變。」

帕斯卡對鼻子的關注自有其哲學：在他看來，某方面來說，克麗奧佩脫拉的鼻子微不足道，但對世界史來說卻極為重要，因為尤里烏斯・凱撒（Julius Caesar）與馬克・安東尼（Marc Antony）為之著迷，而這兩位人物對西方最偉大的帝國來說舉足輕重。帕斯卡的推測引發了無數對於權變理論的討論，以及像是鼻子大小這種看似微小的小事件對世界歷史後續發展的重要性。

然而，我們感興趣的點其實更平淡無奇：誰管世界可能會發生什麼事，那個鼻子呢？克麗奧佩脫拉的鼻子真的那麼長，那麼吸引人嗎？若真是如此，帕斯卡又是怎麼知道的？為什麼凱撒和安東尼會對她的鼻子如此著迷？特別是從我們的時代來看，整鼻子的手術這麼普及，嗯，這似乎代表了不同的文化訴求。羅馬人對鼻子的看法為何？為什麼鼻子這麼重要？或是，他們真的在乎鼻子的大小嗎？

對此，我們進行了一些研究，並在研究過程中深深感受到身體部位在歷史上發揮的作用，以及其所反映出的社會情況。簡言之，我們從某個人的某個身體部位學到很多，並且為此著迷，如同傳聞中的凱撒和安東尼一樣。於是，我們從克麗奧佩脫拉的鼻子開始，認識一段又一段歷史（和一個又一個身體部位）——從大名鼎鼎的頭顱到臭名昭彰的雙足，從傑出的乳房到被捨棄的腸子。最重要的是，我們意識到許多人閱讀或思考歷史的遺漏之處：人類身體。當然，我們都有身體，歷史人物也都有，但為什麼我們從來不去正視這些身體呢？

在這本書中，我們審視歷史上的各種身體部位——特定歷史人物廣為人知或惡名昭彰的身體部位，或是與特定時期社會文化背景相關的身體部位——按時間的先後順序，一一向大家介紹舊石器時代的手到太空時代的膀胱。研究身體的同時，我們也討論以下問題：以前的人對於身體有什麼樣的看法？他們如何使用身體？身體在歷史上扮演什麼樣的角色？如何藉著審視某些重要的身體部位，進一步了解以前人的生活與文化呢？

當我們將注意力集中在某個身體部位時，對於人們的意識形態或思想常常能獲得新奇、出乎意料之外的見解。透過檢視列寧發霉的皮膚以及人們保存他身體的方法，我們知道蘇聯共產黨更像中世紀宗教的延伸（更明確地拿列寧的例子來說，死後的他就像教科書中經過美化的聖徒傳記），而非「現代」政治經濟體制。透過古埃及法老哈特謝普蘇特的鬍子與越南女英雄趙氏貞的乳房，我們看見父權社會的力量，以及傑出女性在這樣的環境下必須面對的鬥爭。總而言之，微觀的身體部位讓我們看見更宏觀的人類處境。

不論喜歡與否，我們都得帶著身體上的光榮印記與種種問題活著。我們都擁有有用或有時完全無用的身體部位，而它們在我們的生活和思想都佔有一席之地。在某些情況下，縱使因果關係很難驗證，但它們確實可能引導了我們的思想。倘若跛子帖木兒有雙正常的腿，他還會如此可怕殘暴嗎？我們只能猜測。倘若馬丁·路德的腸子能正常運作，宗教改革還會發生嗎？我們不會知道。但我們知道路德的確常常提及他的慢性便祕，並承認自己是在cloaca（拉丁文，意指「排水溝」，路德稱呼廁所的委婉用語）構思著名的《九十五條論綱》。

有時候，我們的確很少或不想談論身體上的某些部位，這也是身體歷史這麼有趣的原因——疣、腸子、鼻子與所有器官，組成了我們人類。儘管遭到忽視，我們還是可以從歷史上的身體學到許多東西。

透過聚焦身體部位，我們試著以意想不到的方式讓歷史充滿人性，讓已逝的歷史人物變得鮮活有趣。就拿馬丁·路德舉例吧，我們現在認為，他在各種畫作與版畫上時常顯露出痛苦、緊繃的表情，也許就是跟他的腸子有關。雖然無法確定，但這樣的研究確實可能引發聯想！可以確定的是，書中談及的每個身體部位都是一個起點，帶領我們用更寬廣的視角審視當代歷史。

舊石器時代庇里牛斯山女性的手

手印畫藝術或是洞穴藝術的數位革命

❖時間：西元前五萬至一萬年

什麼是歷史上第一個藝術運動？想想看雙手，還有通常用紅色或黑色顏料畫出的簡單手印畫。這就是「藝術運動的開始」，始於四萬年前或更早之前。人們從阿根廷到撒哈拉沙漠的懸崖峭壁，特別是在洞穴深處的岩壁上，發現了奇特的史前時代手印。它們可能是人類首次創作的藝術作品，首次與環境互動，首次製作實用性質的石頭工具之外的東西。這實際上也是一種重要的藝術運動——延續數萬年的手工藝術，比印象派或普普藝術的流行更持久。那麼，這些手印到底要跟我們說什麼呢？

我們把時光倒轉回二萬八千年前，跟著一些被認定是「穴居人」的藝術家，深入法國庇里牛斯山區加爾加斯（Gargas）的石灰岩洞穴，了解這些藝術作品是如何製作出來的。我們跟著的這五個人之中，有一位年輕女性、一位年輕男性、兩位青少年與一位七歲孩童。在當時，進行洞穴探險的團體通常由家族成員組成。在近乎全然黑暗、寂靜的洞穴中，只有水滴斷斷續續從鐘乳石滴落的聲音，我們赤腳在黏土地上走了快兩公里，有時得彎腰穿過狹窄又低矮的通道，最後抵達一個寬敞的洞廊。有人舉高火把。火把是以富含樹脂的松木枝綑成一束，能提供相當不錯的照明，足以讓我們看見兩百多個紅色或黑色的手印畫。整個壁畫看起來就像長在洞穴牆壁上的超現實主義花園，約有一半的手印輪廓詭異地少了部分手指，好似被切斷。現在，一名女子舉起手（大部分的手印來自女性），放在牆壁上。接著，由她自己或其他人將一些紅色顏料（可能是乾燥的，現場再用口水或水混合，或已預先與熊脂混合）放入口中，對著手上的空心骨頭吹管用力一吹！手印畫大功告成！

然而，最令人類學家困惑的是，為什麼？為什麼要不辭勞苦，冒險深入洞穴，只為了畫手印畫？其中一個理論是邊界的標記，為其他深入洞穴的人指引或標示：注意，停止，然後轉身離開。但這並未解釋他們一開始會想進入洞穴的原因。另一個更綜合性的理論認為洞穴是進入地底深淵的入口，手印畫則是以薩滿方式接觸靈界，尋求進入並接受其恩惠，洞穴岩壁即代表大地之母。還有另一種簡單的理論：手印畫是史前時代的塗鴉或藝術，宣告了「我在這裡」——即穴居人班克斯的創作。

有趣的是，手印畫似乎從舊石器時代持續流傳至今日的澳洲原住民，其中複雜的社會發展跨越了五萬年之久。研究人員和某些從事手印畫的人進行訪談，以了解這項古老藝術如何體現在現代世界。他們發現了一項出乎意料的事實：澳洲原住民能夠辨認出親人的手印。手印畫成了貨真價實的「個人紀錄」和個人簽名，而且通常帶有宗教涵義。一位研究員提到：「西北部的原住民相信，已逝的部落成員，其靈魂希望能受到最親近的人崇敬，他們會前往洞穴，留下來訪的紀錄。藉由將手印放在洞壁上，原住民留下曾經存在的證明……每個手印都能……被每位部落成員用令人驚嘆的精準度與可信度辨識出來。」（Basedow, 1935）

在習於追捕獵物的文化中，如此高程度的視覺精密度並不令人感到意外，但對現代人來說很難想像。不然，你可以自己試著分辨五十個手印看看。史前時代的手印畫在當時也有可能是一種身分象徵。澳洲研究員發現了包括加爾加斯洞穴在內的壁畫中，出現那些被「切斷」或短缺的手指可能的原因。早期的法國研究員認為，製作手印畫的女性是真的缺少手指（想像起來就很詭異）。但澳洲原住民的情況並非如此，他們藉著小心擺放彎曲的手指，讓手印畫看起來像缺指的手（但實際上並非缺指），

沒有標示時間的手印畫，我們如何確知其年代？

為了確定手印畫的年代，科學家使用鈾或鈾釷定年法，藉由分析覆蓋於作品上的礦物形成來推敲時間。洞穴裡通常比較潮濕，水與溶解的礦物質（碳酸鹽或方解石，以及微量的放射性鈾與釷）從岩壁與洞穴頂部滴落在畫作上，經年累月地形成了沉澱物。沉澱物中的鈾隨著時間自然衰變成釷，科學家便從沉澱物樣本中分析鈾與釷的比率，往回推算年代——沉澱物底層的釷越多，該畫作的年代就越古老。當然，還是有困難之處：礦物質可能會剝落，或是發生化學反應，再來是測量的科學協議（實驗程序和方法）可能有所不同，以致得出不同的結論。不過，只要經過些許修正，這類定年法還是能相當正確地推斷年代。

二〇一六年，人們在印尼波羅洲的洞穴裡發現了一幅手印畫，經推斷能追溯至五萬一千八百年前，為目前世界上最古老的藝術紀錄。人類從事手印畫的時間，真的已經很久很久了。

以傳遞不同的訊息。澳洲原住民有一套複雜的傳統手語——對於追蹤獵物的獵人，或是不想驚動在洞穴中偶遇飢餓獅子的舊石器時代人類，都是非常有用的默語。

至少有一件事我們相當確定：手印畫的出現早於所有人類藝術溝通形式。最早的手印畫出現於四萬五千年前，而且很可能不是由我們認為的人類所為，而是由我們有著濃密亂眉的表親、被我們有點看輕的尼安德塔人（Neanderthals）畫的。順帶一提，他們的腦容量比現代人類多了百分之十。

洞穴藝術高峰期——滿是馬匹、鹿與洞熊的美麗史前畫作——要數千年之後才出現。足足有一萬年的時間，壁畫的主題就只有手。不只手印畫，也有其他小小的手部藝術創作，像是用手指在洞穴泥土上留下的線條（finger fluting），或用手掌和大拇指的壓印畫。甚至其他大型藝術創作，也常常用手印與鏤空手印來裝飾。但是為什麼要用手呢？

手是人類獨有的標誌。因為有手，我們能製作精密工具，操縱環境，並且擊退像洞熊和獅子等競爭者。現代研究認為，人類大腦與雙手是同時演化的。手部動作促進了腦部的演化，甚至可能是人類認知與溝通能力的主要催化劑，比複雜的語言系統要早得多。大腦的部分活動也與手有關，要想順利操控精密的手部動作，需要動用大範

洞穴藝術的限制

最近科學家在印尼蘇門答臘發現了一件讓事情變得更複雜的事——他們發現一幅並非出自人類手印，而是出自未知動物的洞穴畫作。這幅畫（很可能）可以回溯至五萬年前，我們可以稱這幅畫的創作者為世界首位現代藝術家。

圍的大腦區域。

就藝術的獨特層面來說，手印畫或手印是實際創造藝術最容易的方法，藉以呈現出真實且人性化的事物，也是當時的人們在惡劣環境下少數能實際掌控的活動。

人類花了更久的時間，大約一萬年之後，才知道怎樣畫出一匹馬。

最後，就精神層面來說，手印畫可能是人類與靈性世界溝通的方式。從歷史上來看，宗教與藝術活動一直緊密相連，因此手印畫可能不只是第一項藝術運動，也是第一項宗教藝術運動——這比古埃及墓穴中的精緻神像壁畫，或是文藝復興時期的耶穌與聖母畫像更早且更原始。嘿，凡事總要有個開始，不是嗎？

最後，讓我引用某位學者的話，不論理由為何，手印畫無庸置疑是「現存已知最早的人形藝術代表」——是人類的第一個自畫像。

回到二萬八千年前的小旅行

先前提到的洞穴小旅行可不是捏造，而是綜合了多次人類冒險進入洞穴的研究。第一項對巴蘇拉洞穴（Basura Cave）的調查，發現了五名人類深入洞穴內超過一公里的蹤跡。科學家藉著分析硬化的腳印、膝印，以及在洞穴黏土沉澱層中的手指與手的痕跡，計算出進入洞穴者的年齡與性別。第二項調查則與另一個洞穴有關，這次是在西班牙，科學家在此地仔細測量手擺放的角度與手指長，得出的結論是大部分的手印來自女性，且多為左手，高度約在肩膀處。另一位進行噴印動作的人，有可能使用空心管子吹出紅色（赭石）或黑色（氧化錳）顏料。科學家另外發現了內有紅色顏料的空心骨頭，證實了上述說法。顏料據信由氧化鐵與錳混合，加入動物脂肪搗碎而成。第三項調查來自法國庇里牛斯山區的加爾加斯洞穴，該地以變形的手印聞名，同時也是我們前述的五人小隊在兩萬八千年前的某日進入的洞穴。

哈特謝普蘇特的鬍子

身為古代女性統治者必須面對的奇特困境

❖時間：約西元前一四五〇年為全盛時期

第一位翻譯古埃及象形文字的語言學家尚法蘭索瓦・商博良（Jean-François Champollion），當他參觀位於代爾埃爾巴哈里（Deir el-Bahri）的古埃及列柱式遺跡時，發現了一些意料之外的東西：一位蓄鬍的女子。「更令我驚訝的是，這些古埃及銘文，不論在何種情況下，都使用陰性的名詞與動詞來指稱這位身穿傳統法老服飾的蓄鬍國王，好像他們在談論的是位女王。我看見這樣的奇特之處可不只一次……」

身穿男裝卻使用女性稱謂，他說的是埃及第十八王朝第五位法老哈特謝普蘇特（Hatshepsut）。她於西元前一四七八年登基——並戴上鬍子。戴鬍子並非一時奇想之舉，法老的鬍子是古埃及的終極權力象徵。戴鬍子在她身上，展現了通常只賦予男性身體的政治勢力與正統性。

如同你猜想的，哈特謝普蘇特的鬍子是假的，可能是將山羊毛黏在置於下巴處的條狀金色金屬，兩側由繩子固定掛在雙耳上。但這麼做不僅是因為（配合）她的女性身分，即使是男性法老，在進行儀式時或被畫上壁畫時，也會戴上假鬍子。

在古埃及文明的全盛時期，臉部留有真實的毛髮被認為是不得體的儀容。埃及人每日都會除毛——包括法老。在墓室與神廟的壁畫上，除了法老的假鬍子，唯一出現的鬍子通常來自被俘擄的敵人。日常生活中的刮鬍子規則偶有例外，但大致上來說，埃及男子都有張乾淨的臉龐。祭司們則是更進一步全身除毛，將所有看得到的體毛剃除。只有最窮苦的人才會放棄刮鬍子。

那麼，為什麼法老要戴上假鬍子呢？沒有人知道確切的理由。不過鬍子與眾神有關，特別是負責審判死者的冥界之王，死而復生的偉大歐西里斯（Osiris）。畫中的歐西里斯一定有鬍子，而且不是一般的鬍子，是一看就很假的鬍子。假鬍子強調了統治者與永恆主宰的神之間的關聯，並且強化了法老也是神祇的概念。難怪哈特謝普蘇特和之前的法老一樣選擇穿戴鬍子。相較於前人，她更需要宣傳自己的身分是具有神性的統治者。

儘管她擁有子宮與其他女性生理特徵，但哈特謝普蘇特擁有擔任法老一職的關鍵（也是唯一）條件：她是法老圖特摩斯一世（Thutmose I）的嫡女。圖特摩斯一世過世後，她嫁給前法老的兒子圖特摩斯二世。你可能以為他是她的弟弟，其實只是同父異母的手足。圖特摩斯二世並非擁有實權的法老，據聞哈特謝普蘇特才是幕後掌權的統治者。當圖特摩斯二世過世後，王位傳給了側室所生的兒子，即她的姪子圖特摩斯三世。當時的圖特摩斯三世只有兩歲大，於是哈特謝普蘇特被任命為攝政女王，共同治理國家。兩歲的小孩通常不具治國才能，這讓哈特謝普蘇特有機會再次統治埃及。

當了七年的攝政女王後，她決定自己當法老，採用正式稱號，並一肩攬下所有的權力和責任。為了讓統治看起來具有合法性，她強調家族世系的傳承，就像所有優秀的政治策略家一樣，她確保每位重要人物都知道她的父親是希望她繼承王位，而非她的弟弟兼丈夫。

這位老練的政治家更進一步發起形象宣傳運動——由她擔任女扮男裝的法老。隨著她從攝政女王逐漸變成法老，我們可以看見「男版」哈特謝普蘇特的形象也不斷在改變。統治初期，她的雕像仍然保有她的女性特徵，但也有像王巾（頭巾）和鬍鬚（沒錯，就是鬍鬚）等男性特徵。後來的她看起來越來越像雌雄同體——在她的神廟

木乃伊的臼齒

跟許多法老一樣，哈特謝普蘇特的木乃伊並沒有在她的墓穴中。那它在哪裡呢？一九〇三年，以發現圖坦卡門木乃伊而聞名的埃及研究學者霍德華．卡特（Howard Carter）發現了一座陵墓，被稱為KV60（國王谷60號墓穴），裡面有兩具女性木乃伊。其中一具木乃伊身上的銘文指出其身分為哈特謝普蘇特的奶媽西特拉（Sitre-In），另一具則身分不明。直到二〇〇七年，考古學家檢視這具身分不明的木乃伊時，注意到它缺了一顆牙齒。這本來沒什麼特別的，但在另一個靠近哈特謝普蘇特神廟附近的墳墓中，考古學家發現一個卡諾卜罈（保存臟器的容器），上頭標示著哈特謝普蘇特的王室頭銜。罈內有腐爛的肝臟組織與一顆臼齒，後者與前述的未知木乃伊缺牙位置完全吻合。這具木乃伊就是哈特謝普蘇特嗎？到目前為止，DNA檢測尚無法確定該木乃伊與其他同屬於圖特摩斯家族的木乃伊之間的關聯。然而，如果這具木乃伊真的是哈特謝普蘇特，它的狀態倒是和她的雕像所呈現的理想樣貌有很大出入。電腦斷層掃描顯示，這具木乃伊是位肥胖的女性，年紀介於四十五到六十歲之間，有蛀牙，很可能也有第二型糖尿病。不幸地，她似乎也有骨癌，猜測可能是因為大量使用傳統皮膚膏藥所致。這種膏藥雖能滋潤乾燥皮膚，卻有意外的副作用——致癌。

中，她的等身石灰岩雕像如同男子一般赤裸上身，有微微隆起的女性乳房，雙肩纖瘦，面容精緻且沒有鬍鬚，看起來與傳統中能夠清楚分辨的男女形象相差甚遠。

她的「進化」還沒有結束。我們觀察她後期的雕像，陽剛之氣越來越明顯，寬肩，沒有乳房卻有胸肌，面容如同成熟男子，還戴著法老的寬鬍鬚。在陵墓壁畫中，她的膚色也跟著改變——從女性常用的傳統黃色，變成黃混紅的奇特膚色，最後變成埃及男性常用的赤紅色（代表在非洲烈陽下交戰、狩獵或釣魚的成果）。

哈特謝普蘇特的公眾男性形象可能是典型的政治策略，而不是因為個人的性別認同。在私生活中，她顯然被認為是女性，例如神廟的銘文以陰性代名詞稱呼之。她甚至試圖將傳統的法老稱號陰性化。可能是為了保護自己，同時對抗那些對她的權勢心有不滿的厭女男性，她將力量強大的女神沃斯雷特（Wosret）、眼鏡蛇女神瓦吉特（Wadjet）以及宇宙秩序女神瑪特（Ma'at）加入自己的王室頭銜中。這突顯出她鞏固王權的指導方針之一（特別針對忌妒的男性）：防禦就是最好的進攻。事實上，這個方針很成功。我們可以從歷史記載中看見她在擔任法老期間的偉大事蹟。她擴展了埃及的貿易，監督許多建築工程（包括她自己的葬祭神廟）。不論是男性還是女性，她都是後世公認最成功的法老之一。

有些人提出了引人猜想的證據，指出她試圖將女兒娜芙魯瑞（Neferure）培育成她的王位接班人，以延續家族世系與女性法老，但這種革命性做法還是失敗了。大約過了一千兩百年後，才出現另一位女性統治者阿爾西諾伊二世（Arsinoe II）。她嫁給了自己的親弟托勒密二世（Ptolemy II），並且以共同統治者的身分一同登上王位——但沒有鬍鬚。她的主要血統來自希臘馬其頓後裔，不像其他的埃及人，鬍子就不是希臘人會喜歡的東西。

宙斯的陰莖

透過陰莖了解古希臘的小而美哲學與美學

✥時間：西元前五一〇至三二三年（古典希臘時期）

當你欣賞一尊形塑萬能眾神之王宙斯的古希臘雕像，即知名的阿特米西昂青銅像（Artemision Bronze），你可能會注意到一個非常顯眼，也可以說非常不顯眼的東西，那就是宙斯的陰莖。它非常的……精緻。

這不只是宙斯的問題，幾乎所有希臘英雄與神祇都擁有相似的嬌小陰莖。古希臘人對於令人稱羨的男性特質，顯然與現代美國人有非常不同的看法，就像喜劇作家阿里斯托芬（Aristophane）的《雲》（*The Clouds*）中所描述的理想的男子氣概：「如果你做到了我跟你說的這些事並且努力執行，你將會擁有光滑的胸部、白皙透亮的肌膚、寬闊的肩膀、短舌頭、翹臀與小陰莖。但如果你按照今日的做法，首先你會有蒼白的皮膚、窄小的肩膀、瘦弱的胸膛、長舌頭、平臀、大陰莖，以及冗長的法令議論。」

是的，阿里斯托芬與其同時代的希臘人認為，「小陰莖」是完美男性的特徵。這位完美男性也會有健康的膚色、健壯的運動員身材，以及冷靜沉著的心智——總而言之就是古希臘詞彙 sophrosyne 所描述的理想典型，除了健全的心智和卓越的品格，也代表著節制與平衡。

古希臘人對 sophrosyne 的要求無處不在，在戲劇、哲學和日常生活中隨處可見，這是所有希臘男性需要努力達成的目標。（女性則被認為是低等的，腦中充滿色慾思想，基本上只需要待在家裡就好，沒人對她們有什麼期望。）對古希臘人來說，一個腫脹的大陰莖不符合節制與平衡的要求。不論是比喻上還是實際上的，大陰莖都太怪異了。看看古希臘人的雕像就知道，每一條肌肉都大小適中地安放在最適切的位置，沒有過度腫大的部位，從軀體上反映出經過鍛鍊的完美平衡。

小陰莖是另一種展現節制與平衡的方式。就美學與哲學來說，大陰莖是不好的。勃起的陰莖也是，它們代表不受控制、盲目的性愛，完全不符合節制與平衡。不過從藝術角度來看，自然也有適合巨大且／或勃起陰莖之處——博物館館長口中的色情

（直立陰莖）雕像。這些雕像常被擺在博物館的收藏室裡。事實上，直到一九六〇年代，大英博物館仍將這些雕像收在神祕密室，一個收藏「猥褻」文物的祕密櫥櫃中，徹底遠離「純真」大眾。這些巨大陽具通常出現在詭奇神祇的雕像身上，像是有羊腳的牧神或身材矮小的普里阿普斯（Priapus，醫學上的「陰莖異常勃起症」〔priapism〕即源自他的名字）。這就是重點：有著大陰莖的神完全不是人類的理想典型，和人們仰望的小陰莖神毫無相似之處。

然而以上敘述得加上旁注，說明男性特權的劣等雙重標準。一方面，我們看到小巧玲瓏的公眾陰莖，而另一方面，在私密享受的情色藝術中，又充滿了自信、腫大、準備動作的陰莖。男性在公私領域都佔有優勢：充滿完美品格的公眾小陰莖與私底下的兇猛公牛。

為什麼陰莖尺寸要有大小階級之分？當然，尺寸在情色作品，甚至是上流社會的情色文學中是個值得關注的議題，一般認為越大（到某種程度）越好。但除了陰莖增大術的廣告與「看看我的鳥」之類的色情簡訊之外，在現代人的日常生活中，尤其是美感方面，並不會一直想著理想的陰莖。相反地，古希臘人則時時掛念著陰莖。人們思考很多關於最佳陰莖的樣貌，特別讚賞有長包皮的陰莖。希臘的保姆用纏布的方式

古典文學中的陰莖議題

阿里斯托芬對陰莖與其他情慾部位的喜好，為一本正經的維多利亞時期英美譯者製造了難題。他的劇本《利西翠妲》（*Lysistrata*）在一八七八年知名譯本中出現的 πέος（péos，即陽具、陰莖）被改成極度不引人注意、有點假惺惺的「愛的歡愉之物」；在其他的版本中，令人不快的部分則被全數刪除。

古典雕像的科學

古典希臘雕像反映的不只是對人的細微觀察，還有數學。雕刻家以小指頭最後一節關節為決定比例的基礎單位，再以2的平方根放大手的其他部分，得到手指與雙臂的尺寸；身體其他部位則以此為比例縮放，包含典型的小陰莖。那些陰莖做得這麼小，竟然也是有科學根據的。西方科學之父亞里斯多德在其著作《動物的生殖》（*Generation of Animals*）中提到大陰莖與男性不孕症有關，想必沒有任何希臘男子願意因此受到指責。

拉長嬰兒的包皮，形塑滿意的陰囊形狀。割禮是一種禁忌，只有被奴役和俘虜的人才會割包皮，水罐上的圖畫經常展示這些人割過包皮的巨大陰莖。割包皮在喜劇裡是讓人笑到拍腿的笑點，尤其常被當成角色們焦慮的來源。

他們之所以如此關注與陰莖相關之事物，其中一個原因可能是這些東西隨處可見。幾乎從出生開始，一般希臘男性身邊確實圍繞著很多陰莖。他們年輕時在體育館裸身進行體育訓練（古希臘文 gymnos 意指「裸體」，動詞 gymansion 意指「裸體運動」）。在鎮上閒逛時，神廟、市場與其他公共區域到處都有神祇與英雄的裸體雕像，其生殖器被塗上鮮豔的色彩。在街角和轉角處矗立著立方形的石柱界碑（herms）——石柱上方是一個雕刻頭像，基身下方則雕出立體的陰莖與陰囊（從現代人的眼光來看可能很怪異，而且不常見到，因為藝術史教科書中的照片通常會裁掉有著陰莖裝飾的柱基部位，我們見到的只有莊嚴的頭像）。公共建築常以英雄、神祇或交戰中的男子浮雕為裝飾，這些浮雕經常都是裸體，而且清楚地展現了陰莖。在家中，人們飲酒的杯子畫上了正在做那檔事的健美裸男為裝飾（花瓶上則描繪異性性交與較大的勃起陰莖）。觀賞戲劇表演時，可能會看到演員穿戴厚實紅色皮革製成的假陰莖，通常是垂著的，但如果有需求……也會換上特製的直立假陰莖。在節日慶典上，一定會有人扛著一或兩根大陰莖模型在街上遊行，這可是基本儀式。

顯然古希臘時代非常關注男性生殖器，尤其是在神祇雕像上。但是女性呢？女神的雕像又是如何？這就是希臘藝術更為奇特的一點。下一次去博物館時，仔細看女神雕像，你會發現少了一個東西——古希臘女性雕像都沒有女性生殖器官，沒有突出的陰唇、陰阜或陰道，沒有任何暗示性或性別的部位。為什麼？許多學者相信這是厭女者（misogynist，這個字源自希臘文）理想小陰莖的延伸。男性應該控制衝動，而被認為是性激進的女性則被剝奪了嘗試的機會……至少她們的雕像是如此。

香腸、鰻魚與古希臘陰莖

古希臘人對陰莖有各種意見並為之著迷，但它並沒有被視為神聖之物。和我們一樣，他們有許多用來稱呼男性生殖器官的粗俗俚語，有些聽起來甚是耳熟，例如香腸（sausage）、肉棒（meat）、肉條（loaf）、嫩角（tender horn）、雞雞（crow）、鰻魚（eels）、肉把（knob）、那東西（so-and-so）、指頭（finger）、粗莖（shaft）、刺棒（goad）、尖頭（point）、駿馬（horse）、公羊（ram）、公牛（bull）和狗（dog）。「木樑男」（beam man）指的是有巨大陰莖的男人，「蘑菇」（mushroom）則是勃起的陰莖。古希臘文 péos 意指「屌」（cock）或「雞巴」（prick），文雅一點的說法有 phallos（陰莖）、posthe（鳥鳥，男孩小陰莖的暱稱）或 sathe（陽具）。

規則之外的例外

近期的陰莖考古學發現了一個例外——一位擁有巨大勃起陽具的真實英雄。他們發現了一尊西元前八世紀的青銅塑像，為現存最早描繪特洛伊戰爭裡的半神話英雄大埃阿斯（Ajax）的雕像。但這不是典型的大埃阿斯雕像，而是看起來像是在展示巨大勃起陽具的大埃阿斯。甚至，這尊三英寸高雕像本身的外型看起來就像是一個勃起的陽具。為什麼一位英雄會有（對希臘人而言）這麼怪異的巨大陽具？其中一種推測是：這尊雕像描述的是大埃阿斯即將用劍自殺的時刻，原因是奧德修斯獲得了死去的阿基里斯的鎧甲，這讓他怒火中燒，內心感受到萬般羞恥。所以，也許大陽具象徵恥辱，適合失去完美品格的男子。

克麗奧佩脫拉的鼻子

鼻子越大，帝國越大？

❖時間：西元前六九至三〇年

十七世紀法國哲學家布萊茲．帕斯卡（Blaise Pascal）身為長鼻社團的一員，他認為鼻子的尺寸非常重要，為此他提出了一句知名格言：「克麗奧佩脫拉的鼻子如果短了些，世界的面貌將因此改變。」

這句話開啟了幾世紀的哲學探究——以及多次涉及歷史的研究——全都是為了確定，如果克麗奧佩脫拉的鼻子短了些，世界是否會因此改變？以及她的鼻子真的這麼長嗎？

在處理第一個問題前，我們先來複習一點歷史：克麗奧佩脫拉（西元前六九至三〇年）在位埃及女王期間，舊羅馬共和國變成羅馬帝國，並覬覦征服其他國家。克麗奧佩脫拉接受了來自羅馬獨裁者凱撒大帝（Julius Caesar，據說他迷戀克麗奧佩脫拉，女方為其產下一子）的外邦協助，從弟弟手中奪取王位。然而凱撒日益壯大的勢力讓羅馬人感到威脅。在凱撒被刺殺之後，擔憂王位與埃及獨立地位的克麗奧佩脫拉該怎麼辦？從凱撒權力的爭奪者之中選出一個與之交好（誘惑）並結盟。她選了馬克．安東尼（Mark Antony），但很可惜她選錯人了。他們最後被凱撒的外甥屋大維（Octavian），即後來的羅馬開國君主奧古都斯所領導的一方打敗。克麗奧佩脫拉試圖對羅馬領導者再露一手媚惑之術，但屋大維不為所動，而是在他征服埃及之後禮貌地建議她自盡。

根據帕斯卡的理論，有個重要因素影響了這其中的政治謀算，那就是克麗奧佩脫拉的鼻子。剛好，許多羅馬領導人對自己擁有的長鷹勾鼻感到自豪——而且也剛好當時流行長鼻子代表強勢個性的看法。將這些剛好帶入帕斯卡的理論：沒有好看的長鼻子，克麗奧佩脫拉就無法讓凱撒大帝與馬克．安東尼這種擁有重大權力的長鼻羅馬人為之著迷，而羅馬與現今整個西方世界也會因此變得相當不同。

此看法即今日所謂的混屯理論和權變理論的早期例子——一件小事物（也就是鼻子）可能引發後續的重大改變。為此，我們從這些哲學思路衍伸出無數現代科學論

凱撒大帝的橫梳髮型

羅馬的獨裁者與萬能領導人凱撒大帝擁有一切——獨缺頂上的毛髮。他對於日漸後退的髮線感到非常不自在，認為戰場上的敵人不會放過嘲笑他的機會，因此就如同現在的某些領導人，他開始梳起相當有特色也相當可悲的橫梳髮型。這實際上一點幫助都沒有。這位羅馬行政官的頭越來越禿，一座於近代法國發現的雕像顯示了其敵人熱衷討論之事：小心翼翼梳起的縷縷髮絲無法掩蓋日漸後退的髮線。我們不禁揣測，克麗奧佩脫拉究竟有沒有提供對抗禿頭的藥方給她的羅馬愛人呢？傳聞她寫了一本專門討論保養與化妝的書（儘管不少學者抱持懷疑態度），書中不僅討論化妝品，還有關於皮膚的醫學。如同羅馬知名醫學研究家蓋倫（Galen）所說，她的抗禿頭配方和落健洗髮精完全不同：

「以下藥方最適合……頭頂日益變禿的人，而且非常有效。燒透的家鼠乾一份，燒過的藤蔓碎片一份，燃燒過的馬齒一份，熊脂一份，鹿骨隨一份，蘆葦皮一份。以上材料乾燥後搗碎，然後加入大量蜂蜜混和至均質，除了熊脂與鹿骨髓加熱後再混入。將此藥劑放入黃銅瓶中，塗抹在禿頭部位，直到該部位長出新髮為止。」

文，有的標題像是「克麗奧佩脫拉的鼻子與隨機多孔介質的流塑模型圖解方法」，探討小型非鼻擾動如何造成更大的擾動。

第二個問題，克麗奧佩脫拉的鼻子到底有多長？或是真的很長嗎？這個問題很難回答，主要是因為克麗奧佩脫拉的埃及帝國最終被羅馬奪去，那時她還很年輕。輸家通常無權書寫歷史，而輸家的畫像、雕像與硬幣通常會被銷毀或刻意掩蓋。或許有可能留下一兩尊，或是二十尊她的雕像，但這些雕像上都沒有刻上方便辨識的「克麗奧佩脫拉七世」字樣，因此產生了許多猜測。梵諦岡有一座大理石頭像，它的瓜式髮型（melon hairstyle）和冠冕式髮髻，讓它成為目前唯一被學者們共同認可的克麗奧佩脫拉雕像。但這座頭像和許多古代雕像一樣缺少嗅覺器官，突出的鼻子已被削去。一些更無法確定的雕像同樣也是少了鼻子。

為了使鼻子調查更具權威性，學者轉向研究已知的少數硬幣，試圖從上面尋找答案。其中有一枚在首都亞歷山大港（Alexandria）鑄造的青銅硬幣看起來相當清楚，學者說硬幣上的克麗奧佩脫拉看起來「容光煥發」……還有一個相當顯眼的鼻子。在後來發現的另一枚同時鑄有克麗奧佩脫拉與馬克・安東尼肖像的硬幣上，她仍然有個長鼻子，但脖子與五官也變得相當巨大，看起來像女性肥胖版的馬克・安東尼，或比較像古代版世界摔角娛樂（WWE）的強壯參賽者，而非身材性感又能魅惑羅馬菁英的女子。

現在我們有了新的問題：是克麗奧佩脫拉改變了，還是她的肖像改變了呢？她無疑是身材嬌小（她曾經被裹在毯子裡偷運去見凱撒），因此最佳猜測是她出於政治謀略，配合安東尼的形象改變自己的肖像，以展示自己與深具影響力的羅馬人有著平等地位。（事實上，她更勝安東尼一籌。在數枚硬幣上，她的肖像在硬幣正面，安東尼在硬幣背面。）

提到樣貌改變，傳說中的「克麗奧佩脫拉的長相」還有另一個小問題。雖然從人種上來看，她的主要血統是希臘人（她的母系祖母身分有些爭議），但身為埃及皇后的克麗奧佩脫拉被認為擁有神性，是神祇。就像所有埃及神祇一樣，她興建神廟，並在牆壁刻上自己身穿埃及傳統服飾的浮雕，每個浮雕都有典型的非寫實埃及短鼻子。

所以，克麗奧佩脫拉的鼻子實際上真的有這麼長嗎？很有可能，近似於她的畫像，鼻子有點大又有點窄，鼻尾略彎曲，像羅馬鷹勾鼻的最好看版本。但是克麗奧佩脫拉可能視情況做了一些動作，修改鼻子樣貌，例如為了傳統埃及肖像而縮短鼻子，或是為了保命並與馬克·安東尼一同對抗屋大維而使之增大。

這些都是聰穎領導人的特質——不論她的鼻子長怎樣，這一點是無庸置疑的。正如我所說的，她會九種語言（包括亞蘭語、古埃及語、希臘語和拉丁語），而且可能寫過討論皮膚科學知識的論文，同時還有一份埃及領導者的全職工作……也許帕斯卡錯了，就算沒有長鼻子，這位埃及皇后也有能力改變世界。

滿牆的鼻子

古代雕像的突出部位，特別是鼻子，會隨著時間逐漸損壞掉落，而且常常並非意外。事實上，根據諾丁漢大學教授艾力克斯·穆倫（Alex Mullen）的說法，割掉大理石雕像——即人類——的鼻子在古代有其深刻意涵。埃及甚至有個名為萊諾克魯拉（Rhinokolura，古希臘文，意為「割鼻」）的聚落，接受割鼻刑罰的罪犯會被送到那裡去。遭到罷黜的希臘拜占庭皇帝查士丁尼二世（Justinian II），他的鼻子也遭割除；羅馬帝國第二任皇帝提貝里烏斯（Tiberius Caesar）的知名姪子日耳曼尼庫斯（Germanicus），他雕像上的玄武岩鼻子有明顯遭割除的痕跡，可能是古代基督教徒做的好事，他們甚至還在這位異教徒的額頭刻上十字架。就美學角度而言，沒有鼻子的雕像看起來不如鼻子完整的雕像賞心悅目，因此在過去二百年間，狂熱的博物館館長與收藏家開始製作假鼻子黏回雕像上。現代藝術愛好者追求真跡，不喜歡假鼻子，因此開啟新一波從古典雕像上移除假鼻子的風潮。在哥本哈根新嘉士伯美術館裡，有個令人毛骨悚然的展覽，展示了他們從其收藏的希臘與羅馬雕像上移除的石頭鼻子（與其他各種附肢）。這讓人不禁猜想，在這些收藏品中，會不會藏著克麗奧佩脫拉遺失的長鼻子？

趙氏貞的乳房

看父權社會如何利用神話壓制一名厲害的女性

❖時間：西元二二五至二四八年

趙女士（越南文 BÀ TRIỆU）有許多知名英勇事蹟。身為西元三世紀對抗孫吳的越南女戰士，她被稱為越南聖女貞德，時至今日仍是越南國民心目中的女英雄。然而談及歷史上的身體部位系列，她則是以乳房最為聞名。更具體來說，是她將近一公尺長的乳房。

中國的孫吳王朝從西元一世紀開始統治越南，多年來壓迫管理當地的士氏，想盡辦法驅走他們。西元二二六年時，中國孫吳一舉殺害了超過一萬名越南人。與兄長一同長大的孤兒趙氏決定挺身反抗。傳說提到她的兄長勸她應該像其他好女孩一樣找個人嫁了，卻被她拒絕：「我想要驅逐敵人，解放我們的同胞。為何我該像其他人一樣，卑躬屈膝地做奴隸？我絕不接受普通女子的命運，屈從成為他人的妾侍。」

這位非傳統的女性趙氏後來成為反抗戰士，帶領男男女女組成的數千人軍隊，與孫吳展開不下三十場戰役，直到她被擊敗、自殺或消失於雲霧中（也有人說她被大象踩踏至死）。總之，他們是這樣說的。

他們（即越南傳說）還提到其他許多事情，其中有些聽起來難以置信，有些則相當可信。孫吳士兵說，寧可遇到老虎，也不要對上身高九尺、日行一千五百里、「聲音響亮如寺廟鐘聲」、騎著大象衝鋒陷陣、長乳綁起橫置於赤裸胸前或後拋於肩上的「黃袍女將軍」。

許多學者推論，她超越常人的身高與乳房和其他不可思議的英勇事蹟，是充滿男性優越感的儒家主義對付一位非傳統越南女性的方式。在中國與儒家思想進入越南之前，越南女性受到的待遇較為平等。中國人開始統治之後，越南女性退居次等地位。那麼，該如何處理一位女戰士呢？讓她成為神仙，一位不朽女神而非凡人，這樣一來，你就可以在遵守儒家社會規範的同時膜拜你的女超人。

因此，要想分辨關於趙氏貞的事蹟何者為真，變成一件相當不容易的事。除了數百年來的口述傳說與民間故事之外，我們缺乏相關的歷史資料。中國的歷史紀錄刻意忽略她（就邏輯上來說，她對中國人只是個愛惹麻煩、無足輕重的叛亂分子），而且只有兩本早期越南歷史書籍提到她，成書時間皆與她的時代相距數百年。在十五世紀的《大越史記全書》（黎王朝的正史記錄）中，提到了「後九真郡女趙嫗」（趙嫗是她的名號之一）以及「嫗乳長三尺（一尺約三十多公分），施於背後。常乘象頭與敵交戰」。成書於十九世紀的《交趾志》（亦稱《欽定越史通鑑綱目》）中提到一名女子：「九真山中有趙妹女子，乳長三尺，不嫁。結黨剽掠郡縣。常著金褐齒，徙聚象頭。鬥戰死，面為神。」

是的，儘管語氣平淡，兩冊「正」史都覺得需要提及三尺長的乳房。因為當三尺長的乳房掛在任何女性的肩膀上，不論她是否騎在大象背上都難以忽視。然而在趙氏的時代與史籍成書的時代，考慮到當時的社會風氣，這對乳房不只是因為尺寸而引人注目，另一個更重要的原因是它們赤裸裸地掛在那裡。在越南的歷史中，大多數的乳房並不是如此。

中國有纏足的傳統（參見〈秋瑾的雙腳〉），且同樣鼓勵束胸，而中國對越南有顯而易見的影響。因為中國的理想審美觀鼓吹小乳房，所以越南人也是。這使得大胸部變得與鄉下人、悍婦和品德不佳的女子聯想在一起。不幸擁有豐滿胸部的「教養良

聲譽掃地的戰敗

關於趙氏的傳說中，有一則較知名的故事：儘管她選擇了非傳統女性的道路，在戰場上驍勇善戰，但她卻擁有一項傳統特質，那就是她很「純潔」。據聞她的強敵陸胤將軍為此巧妙部署了相當獨特、簡單卻能直搗核心的戰略——他命部隊在下一場戰役中脫去褲子。士兵衝進戰場時揚起了大量沙塵，眾人皆可見裸露的生殖器。（可想而知，這場景有多麼令人不快，難怪人家都說戰爭即地獄。）身經百戰的趙氏一見全是男性生殖器，端莊的她還是受不了。於是她將大象掉頭，逃離戰場，她的部隊則被擊潰。在不同的故事中，有人說不願投降的趙氏自殺了，也有人說她逃入山中，消失無蹤。

好」女子則依她自己的意志與／或擁有最後決定權的丈夫或父親的意志，禮貌地、謙遜地綁緊她的乳房。（因為束胸不是件簡單的事，女子的丈夫通常是進行實際綑綁動作的人。）

但是受到綑綁的不僅是大乳房，小乳房與中乳房也被綑綁。因為沒有被束起的乳房被認為是粗鄙的，絕對不是端莊貴族女子能恣意展示的。實際上與比喻上來說，乳房就該留在不會引起注意的位置。甚至在文雅的對話中，不會用「乳」字來稱呼它們。（跨文化註解：就像維多利亞時期的英國，當時甚至不能使用 breast 來稱呼雞胸。）

讓我們回到趙氏與她明顯沒有束縛、擺在眼前的乳房。如此明目張膽的乳房代表著一些事：一方面，它們象徵公開摒棄女性應該有的行為舉止，抵制父權社會；它們也可能是反對社會階級的宣言，因為有著不受拘束的大胸部女性不會是貴族，而是平民——對受歡迎的女英雄來說，是相當不平凡的背景。由此可見，這確實是深具革命意義的乳房。

然而一些學者卻認為，與其說這對乳房具有革命性，更像是反革命的標籤，在數百年後被貼在趙氏身上，用來貶低她，讓她變成有著令人嫌惡乳房的女子。人們試圖用這種方式讓一名女子自慚形穢，即使她是位深受崇拜的女戰士。被添加在她身上的異常胸部與其他特質，使她越來越不像人類，反而像個女超人，因此不會對既有的儒家父權體系產生威脅。

不論這對乳房是否長及三尺，將以上所列舉的一切全加諸在她身上，未免太過沉重了。

陰莖護身對抗長乳趙氏

傳聞趙氏在死後仍以不同的方式持續抗爭，像是讓中國軍隊得到瘟疫，以及反覆出沒於陸胤夢中。陸胤實在太害怕，他需要另一個驅走趙氏的計畫。這位足智多謀的將軍命人以木頭雕刻出數百幅版畫，掛在軍營的所有出入口。那版畫上刻的是什麼呢？全都是陽具，一堆的陽具。

陸胤並不是唯一認為陽具擁有超自然力量的人。在他之前的人們早就認為陽具有助於驅趕厄運，這樣的觀念流傳已久，特別盛行於古羅馬時代。這觀念源自於保護人類免於超自然事物（從邪惡咒語到邪眼）侵犯的古羅馬神法西努斯（Facinus）。法西努斯長得與萬神殿裡的眾神不一樣，他沒有人型，樣貌就是根陽具，雖然和人類的陽具長得不像就是了——神聖陽具法西努斯是帶有翅膀的陽具。古羅馬人雕刻帶翼陽具，以神之名稱其為「法西納」（facina），當作護身符，放在家裡或掛於窗戶。（另一項有趣但不太相關的事實：英文單字 fascinate 源自拉丁文 fascinus 或 fascinum，意指陽具——或邪咒。）

聖卡斯柏特的指甲

中世紀天主教教會如何運用聖人與聖髑大發「死人財」

✣時間：西元六三四至六八七年

據聞生於七世紀的修士聖卡斯柏特（St. Cuthbert）不需要經常修指甲。但怎麼在他過世數百年後，反而開始修起指甲了呢？

身為修道院院長與主教的卡斯柏特以善舉聞名，後來他選擇成為隱士，回歸不受打擾的生活，直到過世。死後他變成北英格蘭最受歡迎的聖人，被稱作「英格蘭奇蹟創造者」，因為只要向他祈禱，特別是對著他的石棺祈禱，就會有奇蹟出現。如同神學家暨史學家比德（Bede）所記載，卡斯伯特的聖髑同樣很神奇。卡斯柏特於西元六八七年逝世，過了十一年後，他的棺木被打開，人們發現他的身體竟然「沒有腐敗」，好似他才剛死去不久。是的，卡斯柏特和其他許多聖人一樣，即使已經過世，卻沒有「死透」。

聖卡斯柏特被安葬於杜倫（Durham）的小教堂，據聞他的指甲仍持續生長，還有頭髮也是。根據當時的記載，在十一世紀時，一位名為艾弗雷德・維斯圖（Alfred Westou）的教堂司事擔任聖卡斯柏特的美甲師與理髮師，專門將他的指甲與頭髮修剪整齊。能讓聖人開心的事就是好事，因為他的墓地在宗教朝聖中是非常受歡迎的一站，而開心的聖人比較可能回應人們的祈求。還有另一個好處：剪下來的指甲和頭髮可以當作聖髑販售或分送給其他教堂，這對當時的教會來說是很賺錢的生意。艾佛雷德就很喜歡分送聖卡斯柏特的遺物，來換取其他聖人的遺物或聖髑。

當時的教會對聖髑有非常大的需求，這樣的需求從數百年前就已經開始。八世紀末，主教們召開的第二次尼西亞大公會議頒發了一項命令：每個聖壇都要有一個或多個聖髑，即聖人的部分遺骨，與耶穌基督生活相關的物品，或類似的東西。這只是聖髑狂熱的開始。隨著時間過去，聖髑變得越來越受歡迎，甚至變成必需品。聖髑不只出現在教堂和聖壇，它們的使用範圍也越來越廣，甚至用於賜福與遠方傳教。即使是騎士用來宣誓的劍，劍柄末端的球狀裝飾部分也得鑲嵌聖人的遺骨。大家都認為聖髑能保護人們，創造奇蹟。

在一開始，教會不喜歡割掉或移除聖人的部分遺體，不過有個技術盲點：自然掉落的東西可以販售。於是，像聖卡斯柏特的頭髮、牙齒和指甲片這類的東西開始出現在各個教堂、大教堂和聖壇，供訪客瞻仰。教會對聖髑的看法也變得越來越寬鬆，可能是因為出現越多的聖髑越有利於傳教，當然還有獲利。

此時的聖髑已從教會傳到皇家。接著，平民百姓——更明確地說是有錢的平民百姓——也開始購買聖髑作為私用。有些是為了救贖，其他則是為了讓自家禮拜堂或城鎮吸引更多朝聖者與金錢。

儘管一五六三年的特利騰大公會議強調聖髑「應斷絕一切迷信與不義之財」，但上至主教下至教士，沒有多少人在意的樣子。畢竟聖髑是門大生意，越多就越富有。參訪聖壇就像中世紀宗教版的迪士尼之旅，這筆不義之財就這樣散布到各地。朝聖者將錢花在住宿、食物、飲料，以及紀念品和伴手禮。競爭逐漸變得激烈，不同的聖壇與教堂都希望自家的聖人（倘若夠幸運能有一位聖人葬在那裡）或聖人的某些遺骨（倘若有取得）能吸引更多旅客——和更多的錢。他們不只要爭取朝聖者，還有聖髑。聖髑可能從某教堂消失，然後出現在另一處教堂。由於眾人如此熱切地想取得聖人的部分遺骨，讓看守者得更小心保護聖人遺體，避免人們偷偷地將其肢解。據說甚至還得保護年邁的聖人，以免他遭到謀殺。

還有另一個重要的問題，就是如何辨認聖髑的身分。那個年代沒有DNA檢驗，要確定某身體部位是否真的屬於某聖人實在不容易，畢竟鎖骨、下頜骨或脛骨，看起來都很相似。誰有辦法證明某塊骨頭的主人是誰呢？這也是為什麼君士坦丁堡大主教約翰一世（John Chrysostom）有不只一個，而是四個「官方」頭骨——一個在希臘，一個在俄羅斯，另外兩個在義大利。十字軍於一二〇四年將他的頭骨與其他聖髑從君士坦丁堡帶到羅馬，但過程中出了差錯。究竟是真的頭骨被錯放了地方，還是骨頭倍數增生？總之，不同的教堂都聲稱自己擁有真正的聖髑。

又過了幾百年，聖髑狂熱開始退燒——教會自己成為了該熱潮的受害者。十四世紀的作家薄伽丘（Boccaccio）與喬叟（Chaucer）透過作品嘲諷聖髑狂熱，到了十六世紀，宗教改革家喀爾文（John Calvin）抱怨各教堂宣稱為「真十字架」的碎片足以組成一艘大貨船。

在聖卡斯柏特的例子中，大家對他的認知只有一具未腐化的遺體。當宗教改革席捲全英國時，杜倫大教堂遭到洗劫，聖卡斯柏特的墳墓也被撬開。但他的遺體早已不在其中，顯然修士們早一步將他藏了起來。聖卡斯柏特的遺體一直沒有出現，直到一八二七年，人們在大教堂的建築物內發掘一個祕密墳墓，裡頭埋藏的不是完美的活死人身軀，而是一般的腐敗遺體。沒人能確定這具遺體的身分，但它仍被當作是杜倫大教堂的聖卡斯柏特，各地的朝聖者仍會前往參觀這位奇蹟創造者。

儘管現在，聖髑不再是宗教的焦點，但是在許多聖壇與教堂中仍有聖髑展示給朝聖者與遊客觀賞。現在也買得到聖髑，且明顯具有二十一世紀的特色。人們不再需要進行朝聖之旅才能接近聖髑，上網搜索「販售宗教聖髑」，其中一則搜尋結果的標題是「eBay 上的抹大拉的瑪利亞（Mary Magdalene）聖髑——真的啦，我們什麼都有」。他們確實什麼都有。該網站提供各式宗教聖髑，從抹大拉的瑪利亞的遺物，或是聖阿方索斯・利谷里（St. Alphonsus Liguori）的一片遺骨，到三十六位頂級殉難者的聖髑綜合包。商品描述還清楚提到這些聖髑都是二手品，以防買家誤認為自己可以拿到新品。

自己動手獲取聖髑

有些人費盡心思，想用手（或其他身體部位）拿到聖髑。其中最有名的聖髑創業家是葡萄牙的多納．伊莎貝爾．德卡倫（Doña Isabel de Carom）。她在一五五四年前往果亞（Goa）的大教堂參拜展示中的聖方濟．沙勿略（St. Francis Xavier）遺體。她彎腰虔敬地親吻聖人的腳……然後咬掉了聖人右腳的小腳趾。她帶著小趾潛逃回葡萄牙，將其收藏在家族禮拜堂中，以這種方式做起利益龐大的朝聖生意。直到多年後，果亞變成印度的一部分，這塊充滿爭議的小趾終於回到聖方濟．沙勿略的身邊。

秀喀夫人的舌頭

將身體穿洞來鞏固政治，透過放血來延續文明

❖時間：約西元七〇〇年為全盛時期

大約一千三百年前，在墨西哥恰帕斯州（Chiapas）森林中的神廟深處，有一個隱密昏暗的房間。亞斯奇蘭城邦（Yaxchilan）的卡巴・秀喀夫人（Lady K'abal Xoc）正在進行一項非常血腥、極度痛苦的儀式。

她的丈夫亞斯奇蘭國王，又稱「血腥王」（Blood Lord），則拿著火把在旁觀看她用可能是魟魚脊椎的工具快速刺穿自己的舌頭，接著以尖銳火山玻璃碎片綴飾的打結繩子傳過舌洞。這些馬雅人不是在開玩笑的——他們追求最大放血量，由舌動脈提供大量血液。血不斷從舌頭湧出，沿著臉頰旁邊的裝飾不斷滴落，啪嗒啪嗒地滴在籃裡的樹皮上。染血的樹皮被當作是獻給神的祭品拿去燒掉，此時的秀喀夫人則進入迷

幻狀態，看見蛇的幻象。這些不過是確保她的國家擁有美好未來的日常活動。

這儀式被記錄在石灰岩板上，傳說是從秀喀夫人在亞斯奇蘭的住處與墳墓挖出來的。亞斯奇蘭是恰帕斯州烏蘇馬辛塔河沿岸的城市，由秀喀夫人與其家族統治。學者們對此儀式的細節了解甚詳，還知道秀喀夫人刺穿舌頭的日期：瑪雅曆 5 Eb 15 Mac，即西元七〇九年十月二十八日——因為石板上都有刻。秀喀夫人可能是馬雅文明中最具影響力、最重要的女性之一，而她的丈夫伊札姆納・美洲豹二世（Itzamnaaj B'alam II，亦稱大盾豹二世）也是馬雅文明中非常重要的君主。

在學者破解複雜的馬雅象形符號之前，我們完全不知道秀喀夫人和大盾豹二世，也對放血儀式一無所知。因此，對於陵墓上繁複的雕刻圖像到底有什麼意義，學者們產生了許多揣測。事實上，在一九六〇年代，某位不是特別聰穎但作品豐富的作家檢視幾個類似的雕刻圖像之後，不知為何就認定這些是外星人拜訪地球的證據。他當然搞錯了（顯然他從各處都能看到外星人拜訪的跡象），但是，他的書又很暢銷。到了一九七〇年代，馬雅符號的解讀終於迎來重大突破，同時對秀喀夫人放血的雕刻圖像進行了一番深度研究。

秀喀夫人住的豪宅有很多塊石灰岩板，與放血儀式較相關的是編號24、25和26的

燒毀一些書

迪亞哥．德蘭達（Diego De Landa）主教將西班牙宗教法庭帶到馬雅人面前時，也一併帶來「實用的」嚴刑拷打。他聲稱絕對「禁止」殺戮，但鞭打和吊掛則是常態。儘管其他人並不認同這樣的說法。德蘭達還有另一項暴行廣為人知——燒毀所有他找到的馬雅文稿。如同秀喀夫人的放血儀式，我們也得知了德蘭達罪大惡極的焚書日期：一五六二年七月十二日。德蘭達說：「我們找到大量以此種文字（馬雅象形文字）書寫的手稿，內容盡是迷信與惡魔的謊言，應將其全數燒毀。此舉令他們（馬雅人）極度惋惜並且非常痛苦。」此舉動不僅令當時的馬雅人感到痛苦，也令現代學者非常苦惱。靠著僅存的三本馬雅文稿（手抄本），我們很難更深入了解這個令人驚嘆的偉大文明。

石板，其中兩塊是由英國考古學家阿爾弗雷德・莫斯萊（Alfred Maudslay）在十九世紀晚期發現，他立刻將兩塊石板運送回祖國；第三塊石板仍留在墨西哥。三塊石板中的第一塊，上頭雕刻的圖案最豐富，展示了血腥穿舌儀式的過程。這些儀式不只有穿刺舌頭，男人還會穿刺自己的陰莖，以及男女皆會切割耳垂、鼻子與嘴唇。馬雅人顯然沒有刀鋒恐懼症（aichmophobia）。這些習俗倒是嚇壞了十六世紀早期佔領馬雅土地的西班牙征服者。

當然，西班牙人有自己（認可且神聖）的放血儀式，在西班牙的宗教法庭上執行，其「文明」方法包括用絞繩和支架扯斷手臂、用鉗子撕裂人體，以及使用上非常便利的拇指夾。據說西班牙人也將這些酷刑用在猶加敦半島的宗教法庭上。相當諷刺的是，迪亞哥・德蘭達主教在其著作《猶加敦半島記述》（*An Account of the Things of Yucatan*）中以不贊同的口吻敘述了馬雅人的自願放血儀式：「有時，他們會奉獻自己的血，切割耳朵各部分，留下傷疤成為記號。有時，他們穿刺雙頰或下唇。再者，他們用十字方式切割身體部位，或穿刺舌頭，然後用草桿從中穿過，引發極度疼痛。還有，他們會切除突出部位，讓肉體留下疤痕。因為這樣的習俗，研究（西）印度群島的歷史學家認為，他們會割包皮。」

到底是什麼原因驅使他們這麼做？在下一塊編號25號石板上可以找到部分答案，上頭的圖案敘述了血祭的後續。可能因為失血而暈眩、極度痛苦、產生幻覺的秀喀夫人，手拿兩籃吸滿血的樹皮，盯著半蛇半蜈蚣的「幻象蛇」；蛇張開大嘴，口中顯現王室祖靈。下方的圖案是恰克（Chaac），駭人的馬雅風暴之神。實際上，血祭和神所賦予的政治合法性有關聯。

從這方面來看，馬雅人的獻祭故事和世界其他地方的類似獻祭並沒有太大區別，但還是有些許不同之處。秀喀夫人不僅能看見神祇並與之溝通，她同時以互惠回饋的方式，實際將她的血提供給神。雖然目前沒人能確定，但在最後一塊26號石板上的秀喀夫人，似乎正忙著利用她的靈視能力賦予她先生赴戰場的力量。順帶一提，懷疑秀喀夫人神啟能力的人民或敵人將感到極其失望，顯然她的血祭儀式真的激勵了她的丈夫。四處征戰的大盾豹二世贏得了許多戰役，直到八十多歲還在衝鋒陷陣。在他九十多歲過世時，王國依然強盛。

然而為什麼要用血？目前尚未得知明確的答案。不過中美洲人的生活與血有著濃厚的關聯。最知名的是統治北方的阿茲提克人（Aztecs）——從獻祭者身上掏出心臟這件事比較引人注意——但是馬雅人也很喜愛這類血腥獻祭。最關鍵的理由應是他們相信神拿出了神聖的部分血液賦予人類生命，而人類需要以血回饋之、餵養之，藉此維持宇宙的秩序。就像秀喀夫人所做的那樣。

最近的研究發現，馬雅人的放血儀式主要出現在馬雅南方地區，在古典時期晚期特別盛行，即馬雅文明開始崩壞的時候。根據某位學者所言：「也許是當他們見到周遭的世界逐漸瓦解，便更奮力嘗試與身邊的神明溝通。」

或者，他們只是在向敵人炫耀。畢竟你必須非常強悍，才有辦法用火山玻璃碎片刺穿自己的舌頭。

讓我們來談談阿茲提克人

是的，你可能會說中美洲絕大部分的偉大文明——早期的奧爾梅克人（Olmecs）、托爾特克人（Toltecs）、阿茲提克人與馬雅人——都喜愛血。（西方人也是，但羅馬、希臘與近東的獻祭儀式通常會加碼提供燒焦的肉。）阿茲提克人可能是今日最為人知曉的，但我們得先明白一件事：阿茲提克人的獻祭儀式不只有電影與小說描繪的金字塔頂端浴血獻祭。如同馬雅人，他們也會進行個人的放血儀式，並將浸血的樹皮條燒掉當作祭品，不同之處在於阿茲提克人使用的放血工具可能是骨頭或龍舌蘭的尖刺與黑曜岩。

在獻祭品方面，阿茲提克人也提供動物作為祭品，但最有名的還是活人獻祭。令人意外的是，活人獻祭通常很克制。為了捕捉獻祭俘虜而發動的戰爭稱為榮冠戰爭（xochiyaoyotl，英文為 flowery war），一旦抓到了足夠的俘虜人數，戰爭即結束。他們不像歐洲人那樣，一場戰爭可以打上一百年。

接著，最勇敢與／或最英俊的俘虜將獲得獻祭的殊榮，被帶到金字塔頂端，四肢攤開，躺在石頭平臺上。祭司用黑曜石或燧石刀切開俘虜的胸膛，取出血淋淋的心臟。他或她的心臟會被放進特別的石製器皿（cuauhxicalli）或查克穆爾（chacmool，一種半躺仰臥，腰間放著碗的人像），然後直接在容器裡焚燒獻給特定的神。或者，俘虜可能被砍頭、肢解、剝皮、焚燒（然後移除心臟），他的頭可能被做成球用來比賽（球賽的輸家都得死），或是在阿茲提克版的羅馬競技場上接受不公平的對戰——俘虜的手被綁著，手握一根有羽毛裝飾的棍子，對手則有尖銳的黑曜石劍當武器——最後當然是慘遭殺害。羅馬的格鬥競賽顯然跟阿茲提克人一樣有著宗教淵源：原本居住在羅馬領土上的伊特拉斯坎人（Etruscans）創造了這樣的格鬥賽，作為宗教的喪禮儀式。

麥阿里的眼睛

一位盲人的遠見與中世紀的現代性

❖時間：西元九七三至一〇五七年

在二〇一三年春天，蓋達組織的敘利亞成員完成了長年的夢想：他們砍了一尊雕像的頭。

這個砍頭的舉動稱不上是藝術品犯罪。根據許多藝術史學家的說法，這尊半身像是近乎庸俗的藝術品——戴頭巾的盲人，有著銳利雙眼，看起來一點都不像眼盲。這尊高度理想化的雕像（請想像美國將軍雕像）塑於一九四四年，是為了慶祝這位盲眼男子的成就。他是詩人阿布・阿拉・阿合馬德・伊本・艾布・阿拉・伊本・蘇萊曼・坦努奇・麥阿里（Abū al-Alāʾ Aḥmad ibn Abd Allāh ibn Sulaymān al-Tanūkhī al-Maʿarri），一般稱之為麥阿里。名字中有一部分是指稱靠近敘利亞阿勒坡（Aleppo）的城鎮，即他的家鄉，也是這尊被砍頭的雕像擺放之處。他在阿拉伯文學史與哲學史上毀譽參半，而且他已去世超過一千多年了。

那麼，為什麼要砍掉一位過世已久的詩人的金屬頭像？對許多人來說，例如那些蓋達組織的劊子手，麥阿里除了是一位偉大詩人，他也被稱為無視宗教者、伊斯蘭異教徒，甚至是無神論者。不過許多學者對這一點存有質疑，特別是牛津大學教授馬爾果里（D. S. Margoliouth）。無庸置疑的是，麥阿里是阿拉伯詩歌大師，是最偉大的阿拉伯作家之一。他將自己的成功歸功於他的雙眼。

麥阿里的人生轉捩點出現在他很小的時候，當時他四歲，染上了嚴重的天花，使雙眼喪失視力。根據當時一位拜訪麥阿里的人說：「他童年時期患上的疾病在他憔悴的臉上留下深刻痕跡……我端詳他的雙眼，一隻眼睛非常突出，另一眼深陷於眼窩中，幾乎看不見。」

是的，這是一場悲劇。然而麥阿里後來表示，失明賦予了他比一般人更強的文字敏銳度與記憶力。失去的某種感官能力可以從另一種感官能力補足，這樣的概念在中世紀相當盛行。可能許多人因疾病、戰爭或意外失去四肢、眼睛或身體其他部位的關係，當時的人對身體殘缺的看法不同於我們現在這般貶抑。傳聞麥阿里的記憶力非常驚人，有人說他能完美地以亞塞拜然語重述他人的對話（也有人說用波斯語），但他並不懂該語言。另一個故事是在某條路上，有人叫麥阿里低頭避開垂下的樹枝；兩年後，他經過同一條路上的同一個地點時，自動低下了頭（但其實沒必要，因為樹已經被砍掉了）。顯然超強記憶力對他的寫作非常有幫助。

他的失明並沒有影響他的世界觀。他是一位有智慧、有遠見的哲學詩人，他所處的年代早於中世紀歐洲的偉大詩人但丁（Dante），而且實際上可能也影響了後者。麥阿里的《寬恕書》（*Risalat ul Ghufran*，英譯為 *The Epistle of Forgiveness*）是阿拉伯文化的神曲。是的，有人說這「神曲」啟發了但丁的《神曲》（*Divine Comedy*）。《燧火》（*Sakt al-Zand*，英譯為 *Spark of Flint*）是他最有名的作品，讓他收穫了阿拉伯經典詩文大師的名聲。他透過《不必要的需要》（*Luzumiyat*）展示了終極詩文創作技巧——此詩集中的每首詩都押不只一種韻，而是兩種截然不同的子音韻。他的耳朵遠勝過他看不見的眼睛。

他的詩吸引了大家的目光，不只是因為美妙的文字，還有非傳統的內容。在某首詩中，麥阿里誇耀自己的詩句能夠與《可蘭經》相媲美。除此之外，此詩集（與其他作品）中關於虔誠信仰的陳述皆為誇大之詞，以致他被認為可能是聰明地將異端偽裝

阿拉伯眼科醫生

中東地區的刺眼陽光與風沙對眼睛並不友善，這使得阿拉伯人成為眼科先驅，包括由摩蘇爾的阿馬爾．伊本．阿里（Ammar ibn Ali of Mosul）發明的眼睛注射沖洗器，可以抽出較軟的白內障水晶體。但是，以麥阿里為例，以及其他感染天花併發眼疾的患者，這樣的發明並無助益。天花病毒常常會引起眼角膜廣泛潰爛，造成全面性的壞死。若在疾病初期使用現代抗病毒與類固醇藥品能有幫助，但是這種治療方式要在一千年後的未來才會出現。

為崇敬。即便在當時開明的伊斯蘭世界有許多教義派人士，但這類事蹟並沒有使他受到這些人的歡迎。麥阿里沒有因此感到膽怯擔憂，當有人指控他是異教徒時，他僅說此為忌妒之言。麥阿里從來沒有正式被指控為異端，甚至有位伊斯蘭教法官說麥阿里誦讀《可蘭經》的樣子，讓人無法否定他的信仰。後來出現了一小群人專門研究並捍衛麥阿里的理念，並且一直延續到現代。

對許多人來說，麥阿里近似湯瑪斯・傑弗遜（Thomas Jefferson）和班傑明・富蘭克林（Benjamin Franklin）等典型的自然神論者：否定或貶低神啟，將神視為冷淡的創造者，而非涉入生命本質的神，並堅定譴責任何宗教的教派主義或排他真理的主張。因此，就像他惹毛了蓋達組織，他可能也會激怒老傑瑞・法威爾[1]，或是其他所有宗教的基本教義派者。而我們可以很有把握地說，他一點都不在乎。

這位充滿爭議性的詩人暨哲學家在他生活的那個年代（西元九七三到一〇五七年）非常活躍，此事充分說明了中世紀伊斯蘭世界的情況。當時的社會風氣歡迎或至少可以容忍智識的討論、不同的詮釋與文明的辨論，而且是個盲人不會因為失明而被視為殘疾人士的文明世界。在麥阿里的時代，最偉大的城市在東方：巴格達與開羅是當時世界上最大的城市。共通的語言與法律降低了交易費用，刺激商業活動，在各城市間的交通透過既有的駱駝商隊路線（相對地）快速又便利。如此一來，四處遊歷的學者能拜訪伊斯蘭世界各處的圖書館，尋找相互矛盾的智識觀點。同時期在西方，識字率只有五成的歐洲人不僅活動範圍受限，平常也多半專注於乏味的事情，像是如何在冬天養肥骨瘦嶙峋的豬，以及該不該進行年度沐浴或何時該進行等細微末節。當然，在麥阿里過世不久之後，輪到西方開始都市改革並擁抱智識與革新——在許多例子中，他們以伊斯蘭東方的思想為基礎；伊斯蘭思想則以希臘與羅馬思想為基礎；希羅文化則是來自古埃及與巴比倫。

1. 老傑瑞・法威爾（Jerry Falwell），美國福音神學基要主義者、美南浸信會牧師，也是一位保守評論者。

素食者的先驅

早在燕麥奶與大豆香腸出現在超市之前，麥阿里已決定成為素食者。這是個相當哲學的決定。他開始相信所有生命的神聖性，於是決定不只避開所有肉類，還有所有動物製品，包括蜂蜜，就像現代的全素食者。與所有優秀詩人一樣，他將素食宣言放入詩中：

不要不公義地食用離水而來的魚，
不要渴望屠宰動物的肉
或是母獸的白色乳汁，那純液
是為了給予幼獸，而非貴族仕女。
不要將蛋拿走，令起疑的鳥兒傷心，

因為不公義是最糟糕的罪行。
饒過蜜蜂勤勞地從芬芳植物的花朵採收的蜂蜜，
儲存蜂蜜不是為了他人，
收集蜂蜜也不是為了當作獎賞與禮物。
我再也不做以上傷害動物的事情，並希望能在
頭髮轉白前，清楚知道自己的方向。

跛子帖木兒的腿

殘疾、綽號與征服

❖時間：西元一三三六至一四〇五年

約在十五世紀早期，一位名為沙卡其（Sakkaki）的烏茲別克詩人寫過一首怪詩，關於一位年輕男子盯著明顯行動不便，但仍嘗試行走的「跛腳螞蟻」。恰巧詩中的年輕男子右腿也傷得很重，這對出生於戰士文化的人來說是個嚴重問題。他深受這隻勇敢小螞蟻的激勵，決定無視自身的殘疾，努力不懈。詩中的男子就是帖木兒，世界上最偉大也最惡名昭彰的征服者之一。

這則關於男子與其命運的可愛小故事可能不是真的（類似的故事還有遠方的蘇格蘭國王羅伯特・布魯斯〔Robert the Bruce〕看到長腿蜘蛛而受到鼓舞）。只要提到帖木兒，他的人生故事總是圍繞著模糊與矛盾。

不過我們可以確定他的征戰故事：他成功征服伊斯蘭世界的大多數國家，死時正努力佔領中國。過世後，他的龐大帝國分崩離析，他的歷史資產則被保存了下來。此外，他的後代創造了高度智識與藝術的文化（其中一位建造了泰姬瑪哈陵）。他的事蹟還有黑暗的另一面，這位可能與亞歷山大大帝和成吉思汗同樣傑出的伊斯蘭征服者，擁有令人難以置信的殘酷與駭人名聲——據說在他死後依然影響著許多人。

帖木兒對他的敵人，甚至對他自己的人民所引發的恐懼與厭惡，其來有自。（一位曾經拜訪他的歐洲大使寫道，服侍帖木兒的一位僕人因晚餐送餐時遲了，剛好逃過了「像隻豬被穿刺鼻子」的典型懲罰。）在建造偉大王國的過程中，帖木兒屠殺了數百萬人——有人說高達一千七百萬人——而且經常是用極度恐怖的自創手法，包括活埋、封在水泥牆內、從腰部砍半、被馬匹踩踏至死，以及比較常見的砍頭與吊死。當他橫掃中亞，在征服的沿路留下了骨頭堆疊而成的金字塔。

毫不意外地，帖木兒的波斯敵人極度憎恨他，所以他們瞄準了（當然在安全距離之外）關於他的一件事，專門來嘲笑他——那就是他不完美的右腳。波斯人將他的名字帖木兒（Timur）和跛子（lame）結合在一起，就變成了「跛子帖木兒」（Timur-i-lang），其他人則稱他為「鐵瘸子」（他的名字在察合臺語中為「鐵」之意）。這些充滿貶意的綽號一併被寫入了歷史。

在絕大多數的記載中，帖木兒走路明顯一跛一跛。但這裡卻出現模糊與矛盾之處：帖木兒是位公關大師，他努力為自己打造一個殘酷又睿智、揮霍又自制的超人形象（據說縱使不識字，他仍是相當聰明、有教養的人）。最重要的是，他將自己塑造成一位出身卑微卻不斷努力晉升，使見識與成就皆超越一般人，且擁有神祕力量的領導者。因此，問題是：帖木兒是否利用了殘疾的右腿作為形象宣傳的一部分，即又窮又殘疾的男孩獲得成功的故事？

當然，這件事我們永遠無法確定。我們確實知道，帖木兒是位聰穎、詭計多端、冷酷，且深諳「形象創造事實」這個道理的謀略家。他對征服的民眾做出殘酷行為（通常是對抵抗者而非投降者），可被視為鼓勵其他人順從的一種策略。然而他也有可能就是這樣殘酷且反覆無常。有一次，在土耳其中部錫瓦斯（Sivas），帖木兒承諾，倘若居民投降就不會血洗該城。但是當居民投降後，他立即活埋了三千名犯人。他解釋，這一切都沒有流血，只有窒息而已。再次地，我們依舊無法確定何者為真，何者為虛構。許多有關他的歷史都是由他的敵人所寫，因此很有可能將他描繪成最可怕的樣貌。即使是那些支持他的人，也想要傳達他是一個冷酷的天生贏家，是最勇猛強悍之人——甚至比成吉思汗還要厲害、可怕。

帖木兒欣然接受了與成吉思汗的比較，更進一步聲稱自己是偉大領導者的後代。作為成吉思汗的繼承人，其他中亞國家應該自然而然會支持他，認為他所做的一切是恢復成吉思汗的正統統治（大概吧）。這個聰明的公關策略能鞏固他的統治正統性，可惜的是，這幾乎確定是虛構的。事實上，帖木兒出生於中亞（即現今烏茲別克一帶）的次要貴族家族，與成吉思汗世系沒有什麼關聯。他很早就展露出征服者的潛能，掌控了當地的汗國。從那時起，他不斷征服周圍說突厥語的國家，包括敘利亞、土耳其與印度，他的多重文化軍隊也不斷擴大。

一旦控制了新領土，他的另一個明智舉動是謹慎地保留當地的傳統稱謂。例如，他選用了意義上較為謙遜的埃米爾（amir，意為統帥；順帶一提，英語中的上將〔admiral〕一字即源自於此）作為頭銜，但又取了非常顯眼的稱號「伊斯蘭之劍」和「吉星相會之主」，以此強調神靈感應，並展示誰才是當家作主的人。

帖木兒腿傷的起源也有許多爭議。有些人說他的腿傷是年輕時偷羊被槍打到，其他人說腿傷是替錫斯坦可汗打仗時留下值得尊敬的征戰傷痕。也許帖木兒兩種版本的故事都喜歡，可以強調他個性的不同面相。不過討論了這麼多，你是否忍不住質疑，他跛腳的狀況究竟如何？

答案在一九四一年揭曉。當俄國（蘇聯）人的祖先征服了大部分中亞地區後，他們決定打開撒馬爾罕（samarkand）的陵墓，即傳聞中埋葬帖木兒的地方。在地下墓穴中，帖木兒的遺體被安放在一大塊墨綠色的玉石之下——據說那是世界上最大塊的天然玉石，後來被波斯統治者納迪爾．沙阿（Nadir Shah）打破成兩半（他原本想把玉石帶回家）。蘇聯人類學家格拉西莫夫（Mikhail Mikhaylovich Gerasimov）負責主持這次的挖掘行動，發現了顯然看起來是帖木兒的遺體。他的科學團隊進一步清理帖木兒頭骨上的泥沙與鹽結晶，移除些許的（紅棕色）頭髮、皮膚與大腦組織，小心裝袋後交給了撒馬爾罕國家醫療機構的解剖部門。結果，科學家拆解了整個遺體，發現了和傳說不一樣的證據。病理學報告指出：「右側股骨與脛骨上有結核性空洞，股骨與髕骨有骨融合現象，右側肱骨與尺骨有全面性的骨性關節黏連。」

換句話說，帖木兒的跛腳來自於右腿上的一處傷口，他的右手臂可能很僵硬、不靈活，顯然他也失去了兩根手指。他走起路來可能手臂僵直，些微駝背，碎步跛行——這一點至少波斯人沒說錯。

帖木兒與臉部重建的法醫科學

當格拉西莫夫打開帖木兒的陵墓時，他一心只想凝視那些早已死去的人的面孔——這是他從小的興趣，也讓他成為科學法醫雕塑（即重塑臉部）的先驅。為了讓逝世已久的死者重生，格拉西莫夫在頭骨塗上厚厚的蜂蠟、黏土和松脂混合物，雕塑出一張逼真的臉（並期望看起來真的像那人原本的臉）。要做到這件事不僅要對臉部肌肉有非常詳盡的了解，還要有辦法處理重建大範圍軟組織區域（例如鼻子與眼窩）的技術問題。他在帖木兒的臉上有了重大突破，後來又持續不斷地重現了兩百多人的臉，包括伊凡四世（Ivan the Terrible）。俄羅斯調查員利用他的技術來辨識沙皇尼古拉斯二世（Nicholas II）家族的遺體，同樣的技術也被用來重現圖坦卡門的長相，最近一次則是耶穌的臉。

帖木兒的詛咒

帖木兒的現代烏茲別克後裔，對於敬愛的先人遭無宗教信仰的蘇聯共產黨員掘墓一事非常不悅，決定發起致命詛咒的造謠行動。他們說，這位偉大的戰士寫下遺言：任何破壞他陵墓的人會在三天內受到攻擊。對於帖木兒的詛咒，其他人還有另一種說法：不論是誰打開了他的陵墓，必會釋放出比他更可怕的入侵者。不過後面這則留言沒有明確指出復仇的時間點。

奇妙的是，在蘇聯科學家打開陵墓後不久，蘇聯就遭到納粹德國攻擊。所以詛咒是真的嗎？彷彿是為了證明上述詛咒一般，當帖木兒的遺體於數年後被送回陵墓時，蘇聯人隨即在史達林格勒擊敗了德軍，獲得二戰的首次勝利。這個關於墳墓詛咒的有趣故事被重述了數次，甚至還被拍成了電影。然而事實真相卻平淡得有些無趣：德軍在兩天內即發動攻擊，而不是詛咒說的三天（這有點吹毛求疵）。最大的問題是，根據最新研究顯示，陵墓裡沒有找到任何關於詛咒的文字，只有一些用阿拉伯文書寫的宗教文本。

理查三世的背

歷史公關形象之必要：如何藉由偉大劇作家之手創造出一位惡人

❖時間：西元一四五二至一四八五年

眾人皆知，英王理查三世（Richard III）是金雀花王朝的最後一位國王。然而他會出現在一本內容關於身體各部位的歷史書中，是有特別理由的。

是的，英王理查三世據說罹患脊柱後突（kyphosis），另一種較有疑慮的說法就是駝背。對大部分人來說，他可能是世界上第二有名的駝背患者，名氣緊追雨果的小說《鐘樓怪人》主角卡西莫多。卡西莫多在迪士尼化之後，以「心地非常善良的駝子」的形象變得更有名氣；理查三世則受到伊莉莎白時期版的迪士尼化，即莎士比亞化，變得益加惡名昭彰。

首先，史實的部分：理查三世的人生與爭奪王位的「玫瑰戰爭」（Wars of the

Roses）密不可分。金雀花王朝的兩支系家族，即約克家族（一開始由理查的父親約克公爵領導）與蘭開斯特家族（一開始由亨利六世領導）交戰不休。最終，理查為約克家族贏得王位，但是以相當間接的方式——以就任攝政王的身分登上（或說奪取）他才十二歲的姪子愛德華的王位。歷史從此開始變得模糊不清。有人說，理查在幕後命令國會宣稱姪子愛德華（與小姪子理查）是私生子，因此沒有資格當國王。甚至有許多人說理查殺了兩個姪子，其他人則說這些都是一派胡言。眾說紛紜，沒人能確定真相是什麼，但我們可以確定，有些人對於理查三世登基一事非常不悅。他們找來一位反抗理查三世的冠軍，即亨利．都鐸（Henry Tudor，後來的亨利七世）。人們為了爭奪王位再度開戰。僅僅在位兩年的理查三世在博斯沃思原野戰役（Battle of Bosworth）中喪命，為玫瑰戰爭畫下句點。金雀花王朝結束，都鐸王朝開始，理查也成了類虛構的「駝子」惡人。

大約在理查三世死後一百多年，一五九一年時，莎士比亞開始談及理查，或者說開始寫理查。理查出現在莎士比亞的《亨利六世：中篇》與《亨利六世：下篇》，在劇中被稱作「駝子理查」，有著「不相稱的」外貌，手臂「像乾枯的樹枝」，背上有「隆起的山」，還有「長短不一」的雙腿。幾年後，莎士比亞的另一齣同名劇作《理查三世》鞏固了他的壞駝子惡名，這標籤就一直貼在他身上，直到現在。

令人意外的是，《理查三世》劇本裡並沒有出現「駝子」這詞彙。事實上，根本不需要用到那個詞。劇本中的理查被稱為「惡臭變形的肉瘤」、「帶著惡意出生又生長成醜陋的豬」、「腫脹的蜘蛛」，還有兩則與蟾蜍有關的辱罵：「醜陋駝背蟾蜍」與「有毒的駝背蟾蜍」。

劇中的理查明顯是位被野心吞噬的權謀家，決心在兄長過世後奪取王位，甚至為了達到目的不惜殺了兩個姪子。然而，許多已經證實的善行，或是他深受社會底層歡迎的事實，在劇中隻字未提。莎士比亞的確在理查死於都鐸家族之手的最後一場戰役中，將他描繪成一位惡人戰士——這大概是理查三世在莎士比亞筆下最正面的形象。

自此，理查三世的公眾形象已固定。不過人們也接受誠如莎士比亞所描繪的：理查在玫瑰戰爭的最後一場戰役中是位相當成功的戰士。這一點倒是相當諷刺，因為理查並沒有萎縮的手臂，他的雙腿等長，而且他也沒有脊柱後突。

當一具五百歲的骨骸，在不怎麼符合王室氣質的地方被發現時，一切真相大白。那是在英格蘭萊斯特（Leicester）的一個停車場，原本為方濟會教堂的遺址，亦理查戰死於博斯沃思原野戰役後遺體下葬之處。該停車場於二〇一二年九月開挖，隨後挖

莎士比亞的其他抹黑作品

莎士比亞同樣對馬克白（Macbeth）進行了角色大改造。是的，馬克白是蘇格蘭國王，而且殺了鄧肯一世（Duncan I of Scotland）才登上王位……這就是事實與劇本唯一的交集。馬克白並不只是一個被野心勃勃的妻子慫恿的男人，他從母親的家族繼承了合法的王位繼承權。他的表親鄧肯不受人民喜愛，被認為是位極糟的國王。馬克白在戰役中殺了鄧肯，他並沒有因此受到愧疚感的折磨，也沒有大開殺戮。事實上，他在位統治了十七年，而不是莎士比亞寫的一年。

莎士比亞為什麼要改寫這兩位不甚知名的蘇格蘭國王的故事？如同伊莉莎白一世在位時期，莎士比亞支持都鐸版本的故事；當詹姆斯一世（James I）繼位，他便透過馬克白來迎合奉承國王。詹姆斯一世剛好是鄧肯的後人，並且深信君權神授。莎士比亞將鄧肯失去王位刻畫為不正義之事，強化了詹姆斯繼承英格蘭王位的權利。

出一具明顯死於戰爭傷勢的男性遺骸。經過檢驗，該骨骸的主人去世時的年紀約三十左右，已有五百年歷史了。最有力的證據，是該骨骸的線粒體DNA與理查三世的姊姊安妮（Anne of York）的母系後代比對吻合。幾個月之後，研究人員宣布，這就是理查三世的遺骸，無庸置疑。

我們從這副遺骨得知了一項重要訊息：理查並非莎士比亞劇中痛斥的「駝子」，但他也沒有現代擁護者宣稱的筆直脊椎。真相就在兩者之間。理查的脊椎在中段處彎曲，顯示他可能患有青少年原發性脊柱側彎，時常發生在青少年卯起來長的青春期。但他的脊椎正常，他的手臂與雙腿也是。雖然他的右肩稍微比左肩高了一點，其他就和一般皇家成員一樣，並無特異之處。（而且根據DNA顯示，他實際上有96%的機率是金髮碧眼。）

那麼，關於理查三世的樣貌傳聞，為什麼會和現實相差這麼多？多虧（或者說怪罪）都鐸家族特別有效率的負面宣傳。由於都鐸家族在統治悠久的約克家族之後繼位，為了確保自己擁有人民的愛戴與敬畏，他們把理查塑造成怪物。這是最知名的——也是最成功的「歷史是由勝利者寫下的」例子。再加上理查是約克家族與金雀花王朝的最後一個成員，就算沒有都鐸家族幫他公關宣傳，王朝最後一位統治者通常也得不到什麼好名聲。可憐的理查無論如何都贏不了。

都鐸家族為了確保新建立的王朝宛如玫瑰般芬芳（當然是蘭開斯特家徽上的紅玫瑰，而不是約克家徽上的白玫瑰），廣邀當代歷史學家與編年史作家一同加入他們的陣營。這並非祕密。最明顯的例子是理查三世在位時，歷史學家約翰．魯斯（John Rous）在其著作《魯斯卷》（*Rous Roll*）中稱讚他是帶著「豐厚恩典」的「偉大王子」。幾年後，亨利七世登基，魯斯在《英格蘭國王史》（*Historia Regum Angliae*）中對理查有了不同的描述，談到他是如何「在母親的子宮裡住了兩年，出來時帶著牙齒與及肩的頭髮」，以及有著「不等高的肩膀，右邊的高了點，左邊的低了點」。其他人也跟著附和，還特別強調他的背。

這類描述特別多，因為理查確實有脊椎側彎的問題。據說理查身亡後，他光裸的遺體被掛在馬背上，在城裡四處展示，好讓人們清楚見到他彎曲的脊椎。好的，從彎曲的脊椎到隆起的駝背只差一步了。在那個年代，駝子通常被認為個性卑鄙，經常受到眾人排擠謾罵。將駝背加入理查的負面特徵，保證能讓人更討厭他。

湯瑪斯．摩爾（Thomas More）接下了詆毀理查的棒子，在一五一三至一五一八年間完成的《理查三世史》（*History of Richard III*）中，說理查「身材矮小、肢體萎縮、駝背」（雖然他顯然搞不清楚理查的哪個肩膀比較高），並且出生時已經有牙齒。隨後，摩爾在亨利八世的樞密院得到了大法官的工作。

於是，就這樣，莎士比亞（在某位深具影響力的都鐸女王在位期間）以先人對理查的「事實」描述為基礎，特別是摩爾的描述，將理查變成了傳說中的醜陋怪物。

另一位惹到都鐸家族而被醜化的人物

理查三世不是唯一死後受到都鐸王朝詆毀的人。亨利八世的妻子安妮．博林（Anne Boleyn）也被負面改造，全多虧了尼可拉斯．桑德斯（Nicholas Sanders）。他是學者、歷史學家，最重要的是，他是驕傲的天主教徒。他在著作《英國國教分裂的興起與發展》（*De Origine ac Progressu schismatis Anglicani*）寫道：「安妮．博林身材相當高大，有著黑髮和膚色蠟黃的圓臉，好像得了黃疸一樣。上唇內有暴牙，右手有六根指頭，下巴長了巨大粉瘤。她為了掩蓋其醜陋缺陷，才穿上高領連衣裙蓋住喉嚨。」

彷彿是怕被發現自己批判得太過分，桑德斯繼續說：「她也有有趣之處，擅於彈奏魯特琴，是位厲害的舞者。」

馬丁·路德的腸子

宗教改革的起源之地也許不如想像中充滿靈性

✣時間：西元一四八三至一五四六年

想像新教革命的主要發起者在廁所用力排便時發想出革命性的新教義，這個畫面顯然有點不敬。但事實就是如此——至少該發起人，即經常便祕的馬丁·路德（Martin Luther）本人是這麼說的。

十六世紀的新教革命，是基督教最重要、最具爭議性且影響最深遠的改革運動。它使得西方基督教世界一分為二，引發了宗教戰爭（包括仍在醞釀中的北愛爾蘭衝突），帶來了天主教改革運動，宣揚看待基督教救贖的新方式，提倡個人主義，削弱教會的權力，鼓勵資本主義——還有許多其他深遠影響。

而這一切都始於……馬桶之上？

嗯，這麼說來的確頗有爭議。馬丁・路德在德國威登堡（Wittenberg）參與宗教改革時，是一位擁有理想但深受煎熬的年輕修士，對教會販售越來越多的贖罪券一事感到震驚。販售贖罪券的想法很簡單，而且有利可圖。據說人們要進入天堂前，必須在煉獄燒毀自己生前的罪孽。然而罪人可以實際花錢換取逃離死後在煉獄的折磨，只需要付一定額度的金錢給教會代表人，對方（每次都是男性）就會給予一張印製表格（贖罪券），讓人填上姓名以及付錢換取待在煉獄的時間長短。對罪人來說，讓情況更糟——也讓路德更生氣的，是教會在一五一五年取消舊制八年效力的贖罪券，宣布罪人必須購買新的贖罪券。不需要告解或悔罪，只需要付錢，就能擺脫罪行。只要付出的錢夠多，那些至惡之行就能被寬恕。據聞，在威登堡一帶積極販售贖罪券的傳教士約翰・特契爾（Johann Tetzel）曾誇口，只要價格對了，他甚至能讓強暴聖母瑪利亞的罪人逃出煉獄。

從靈性的角度來看，以上種種行為真的很糟糕。路德在馬桶上（德國人稱之為das Klo）渡過漫長煎熬的時間，一邊沉思贖罪券與教會的表裡不一之處。沒錯，馬丁・路德是中視紀晚期便祕患者的代表。他曾在信中抱怨腹部絞痛、臀部疼痛且難以解放。只要看著他肖像畫中緊繃的臉龐，就能想像此人的腸胃有多麼不適。二十世紀佛洛伊德精神分析學家分析了這位離世已久的新教創立者與他的腸道運動（重要歷史註腳：精神分析的創立者佛洛伊德本人也深受便祕之苦），得到了一項基本共識：路德的性格非常神經質，而他蠕動緩慢的腸子部分得歸咎於他的心理焦慮。有些佛洛伊德學家，像是愛立克・艾利克森（Erik Erikson），甚至認為路德的緊繃腸道是造成宗教革命的根本原因——憤怒、內心受折磨、便祕的男子從反抗教會權威中獲得解放。這讓人不禁想到，如果當時有通便劑可用，結果又會如何？天曉得。雖然佛洛伊德精神分析在今日普遍受到懷疑，然而一個人的精神壓力會影響交感神經系統確有其生理根據，某份科學論文指出，結腸會因此「變得更長、更寬、更乾燥與更遲緩」。

就在一五一七年，某個腸道遲緩無力的一天，路德得到了改變世界的宗教頓悟。據說他是在如廁時想到的，許多學者也深信不疑。當時路德正在沉思新約聖經羅馬人書第一章第十七節，突然理解到救贖是來自神的恩典，而不是透過購買贖罪券等人為的努力就能獲得。這成為路德攻擊天主教教會的神學基礎以及新教教會的核心信條，即倡導人與神之間的關係應是更為個人的，不需仰賴神職人員。路德特別提到，自己獲得宗教頓悟確實發生在如廁之時（拉丁語 cloaca）：「神靈的知識授予正在塔樓裡馬桶上的我。」（小提醒：修士可能會用 cloaca 指稱溫暖的房間，而 in cloaca 的

如廁地點大發現

路德紀念館執行長史蒂芬．萊恩（Stefan Rhein）提到一座四百五十年歷史的馬桶：「這是偉大的發現。」這可不是普通的馬桶，顯然馬丁．路德不僅實際坐過，還坐在上面構思出新教的基本教義。研究人員在德國威登堡路德家所在處的一座花園進行挖掘，發現一個大約三坪的附屬建築物——房間角落凹處有個馬桶。學者們幾乎認定這就是路德於一五一七年獲得宗教頓悟時所坐的馬桶。這個馬桶在當時顯然相當先進，由三十公分大小的石塊製成坐椅的形狀，中間有個洞，下方由排水溝連接至化糞池。路德的家有地暖，這讓長時間停留在馬桶上變得舒適許多。不過有些問題仍有待釐清（顯然我們對戰爭與哲學的了解更甚於日常生活）：如廁用紙呢？神學家與研究路德的專家馬丁．楚（Martin

Treu）解釋說：「我們目前還不知道當時如廁後是用什麼來擦拭。」紙張太硬——而且非常昂貴。因此有謠言說，路德用的是敵人教會的著作書頁。

意思是「在凌亂之處」，即處於憂鬱狀態，但更常被用於意指陰溝〔sewer〕、茅廁〔latrine〕、廁所〔privy〕等類似用語。）他生動地描述了自己的巨大解脫感，可能不只是因為排出了腸道糞便，還有他認為非常骯髒的舊教義。套用他的話，他現在「感到全然新生，透過敞開的大門，進入了天堂樂園」。某些現代學者對路德的如廁頓悟描述提出異議，指出他的著作顯示宗教改革的教義應是逐漸發展出來的。但是路德本人主動談及廁所，因此（至少傳統上）可說新教的宗教改革是在這個令人難以置信的環境下起的頭。

當然，宗教改革還有其他重要發起人，像是約翰・加爾文（John Calvin）、烏利希・慈運理（Huldrych Zwingli）等，多數學者因此推測，從整體社會來看，當時正是迎來新形式基督教的時機。路德是最知名且最直言不諱的改革者，特別是他排便時頻繁的爆鳴。是的，他經常在馬桶上大爆粗口。他在布道、演講與書信中提到排便時，一點都不會感到彆扭。「我抵抗惡魔，經常用一陣屁驅走它。」

路德顯然認為折磨人的便祕是惡魔作祟所導致，而馬桶是它最愛逗留之處。當時的某一新教革命印刷品中，提到教宗是從女惡魔的臀部出生的（書中的表達方式更為豐富生動）。而路德也曾這麼說：「親愛的惡魔……我把屎拉在底褲和馬褲裡，把褲子掛在你的脖子，用它來擦你的嘴。」這番話真是令人回味再三。有些神職人員反對這種過於直接粗俗的語言，英國的湯瑪斯・摩爾爵士這樣評論路德：「他是個小丑……嘴裡只有化糞池、陰溝、茅廁、屎尿和糞便……」

但是不管怎麼說，路德其他的言行深具影響力，分化了教會並且改變了西方宗教。站在路德的立場來辯護，他用糞便模式打擊惡魔的確非常振奮人心、非常直接，也確實與他提倡的更為「世俗化的」基督教想法一致。如他曾寫道：「一旦我們認出撒旦就是撒旦，那麼對它說『親我的屁屁』來摧毀它的驕傲就是件簡單的事情。」（鑒於路德在馬桶上逗留的時間很長，傳說中的惡魔可能有很多機會可以誘惑他。）

撒旦的試煉與磨難

傳聞馬丁．路德是位深情的丈夫、寵愛孩子的父親，以及正直卻帶著偏見的神學家。但他的情緒變化過於頻繁，讓有些人揣測他是否罹患躁鬱症。其他人則反駁，如果經歷過路德列出的身體折磨與痛苦症狀，誰不會有點易怒，心情起伏不定？

路德早期的肖像描繪出一位消瘦、看起來過著清苦生活的人。（路德聲稱早年的修道院生活毀了他的消化系統；後來的新教肖像將他畫成胖子。）當時的醫生診斷路德患有膀胱結石、慢性便祕與痔瘡，最後他因冠狀動脈血栓過世。

然而最有趣的是他晚年與撒旦的身體戰爭，至少他是這麼說的。撒旦的第一次攻擊發生在一五二七年——路德描述他左耳的耳鳴急劇增強，並延伸到整個頭部的左半邊，伴隨著轟鳴聲、噁心嘔吐與暈眩。最後他精疲力竭地倒在床上（但意識清楚）。隔天醒來時，大多數的症狀已經消失或減少許多，除了耳鳴，一直持續困擾他的餘生。究竟是撒旦，還是其他東西造成他的耳鳴？現在的醫生推測，這些攻擊實際上是梅尼爾氏症（Meniere's disease）的表徵，由於耳朵長期慢性發炎所產生的耳鳴與暈眩。此病症的醫學紀錄首次出現在十九世紀，在路德過世許久之後。

安妮・博林的心臟

身首異處的喪葬風潮？

✣時間：約西元一五〇一至一五三六年

如果談到安妮・博林（Anne Boleyn），你會聯想到哪個身體部位？大多數人可能會選她的頭。這個回答符合邏輯，畢竟大家都知道，在她的丈夫英王亨利八世（Henry VIII）命令下，她的頭於一五三六年五月十九日與她的身體分離。亨利為了迎娶安妮，與第一任妻子亞拉岡的凱瑟琳（Catherine of Aragon）離婚，也因此與羅馬教廷決裂。然而當他發現安妮無法給他企盼已久的男性繼承人，他決定另尋新妻子（他總共換了六任妻子），給安妮按上叛國與通姦的罪名將她處決。

不過我們先不談安妮的頭，在這裡，我們關注的是她的心臟。根據故事，她的心臟也與身體分開了。有人說，依舊愛著她的亨利下令取出她的心臟另外保存，剩下的遺體在沒有接受任何宗教儀式的情況下被埋葬在倫敦塔中的不潔墓穴。其他人說，安妮最後請求將她的心臟送到薩福克郡（Suffolk）厄瓦頓鎮的教堂，她曾經在那度過快樂的時光。沒有人能確定哪個故事為真，甚至她的心臟是否真的從身體取出了，也是未知。此種下葬方法過去曾經大流行，但是在安妮．博林過世的時代已不常見。

在中世紀的歐洲，將心臟取出與身體分別埋葬（或是將心臟放在一個裝飾盒子或袋子裡保存）是必要的做法，特別是對上流社會的人來說。這是所謂「分散埋葬」（dispersed burial）的其中一種做法，其他的「分散」方法選項不多，大概就是肢解——將身體切割成大小不同部位，好存放於為數眾多且分散的地產與房產。

自西元七世紀以來，不少歐洲國家有移除內臟並對遺體做防腐處理的習俗，特別是在阿爾卑斯山以北區域。但非全屍埋葬的概念一直到十字軍東征才開始流行，即發生於一〇九六到一二九一年間的基督徒與穆斯林交戰。因為在戰場上喪命的士兵通常離家非常遙遠，而且戰場處於炎熱氣候地區，要將遺體完整運回並埋於祝聖墓地幾乎不可能。解決辦法呢？將戰死者的一部分帶回家：骨骸、內臟，或是最受歡迎的心臟。這就是十字軍返家埋葬的簡便方法。

十字軍的成員大多為貴族，所以分散埋葬這件事變成與貴族階級聯想在一起，因為一種微妙的優越感而蔚為風潮。人們想要和獅心王理查（Richard the Lionheart）一樣，死後分別埋葬在三個不同的地方：他的心臟收藏於魯昂（Rouen）大教堂，他的腦組織、血液與內臟葬於沙魯（Charroux），剩下的部位則葬於豐特弗洛修道院（Fontevrault Abbey）。雖然一般人並不會葬得如此分散，但這樣的想法深受歡迎。將心臟葬於家族祭壇，身體則安息於本地教堂，此種行為象徵了死者的身分地位。論本地教堂對此事的看法，通常都是張開雙臂熱列歡迎。分散埋葬就好比分散財富的一種方式，每個收藏帝王、國王或貴族部分遺骸的宗教場所都能獲得資助。

然而代表教會的教宗邦尼法八世（Boniface VIII）卻不贊同。他認為分散埋葬的行為令人憎惡，因此頒布教宗詔書，即官方正式命令，於一二九九年九月開始禁止此做法。禁令頒布後，反而讓人更渴望分散埋葬。想要分散埋葬需獲得教宗特許，籌備一場分散埋葬的喪禮因此變成了十四世紀的終極地位象徵。有些人將此概念推升到極致，像是樞機主教貝朗瑞・佛瑞多（Cardinal Béranger Frédol）在一三〇八年得到教宗特許，計畫將自己的遺骸分葬在各個指定地點。（很可惜，最後他還是身體完好下葬於一處。這是死後計畫的缺點之一：本人無法親自確保其他人有好好執行自己交代的事。）

太陽王心臟之不幸事件

路易十四的心臟供奉於聖保羅聖路易教堂已有七十七年，卻在法國大革命期間隨著教堂遭劫掠而消失無蹤。有人說它最後成為英國地主哈考特（Harcourts）家族的珍藏，在那遭遇了最不光彩的下場。作家奧古斯丁．哈爾（Augustus Hare）描述，在哈考特家的晚宴上，賓客間傳閱著一個銀灰色盒子，裡頭有一個像胡桃的灰色物體，聽說就是路易十四的心臟。誓吃遍各種動物的威廉．巴克蘭博士（Dr. William Buckland）「一看到它……就說：『我吃過很多怪東西，但從沒吃過國王的心臟。』眾人還來不及反應，他便一口吞下它，珍貴遺骸就這樣永遠消失了。」有人說他將東西放入嘴裡其實是為了確定那到底是什麼，卻不小心把它吞下去了。

科學怪人的作者與沒被埋葬的心臟

這故事聽起來很像從恐怖小說擷取出來的，而且剛好與小說《科學怪人》的作者瑪莉．雪萊（Mary Shelley）有關。一八二二年，她的丈夫浪漫詩人雪萊（Percy Bysshe Shelley）因一場不尋常的帆船意外身亡，在臨時搭建的柴堆上被火化，年僅二十九歲。但是，可能是因為肺結核碳化，讓他的心臟沒有被燒掉（也有人說是肝臟而不是心臟）。朋友將心臟交給瑪莉，她沒有將它與丈夫的骨灰一併埋葬，反而選擇留下它。據說她將鈣化的心臟放在一個絲質小包裡，不論去到哪都隨身攜帶。瑪莉於一八五一年過世。一年後，人們在她的書桌發現那顆心臟，以雪萊最後一首詩〈阿多尼〉（Adonais）的書頁包裹著。四十七年後，心臟終於入土，與瑪莉和雪萊的兒子一同葬於家族墓穴。

因此，即使教會反對，習俗依舊。中世紀的名人尤其熱衷分散埋葬。到了十四世紀中期，教宗克萊孟六世（Clement VI）推翻了前教宗邦尼法的命令，特許法國貴族隨心所欲分葬遺體。於是他們將遺體放在教堂讓人公開景仰，心臟則給交給家族進行私人葬禮。此潮流在十五世紀後的英國逐漸退燒，在法國與德國則是持續風行至十九世紀。

讓我們回到安妮·博林和她的心臟。因為心臟埋葬在十六世紀的英國並不普遍，學者們對此有許多爭論。是她的前夫取出心臟留作紀念品嗎？或是人們遵從她的遺願，將心臟送到薩福克郡？還是，它仍然留在她的胸膛裡？沒有人能確定。

厄瓦頓鎮的聖瑪莉教堂在十九世紀中進行翻修時，在祭壇牆壁內發現一個無刻字的心型錫製小盒。該教堂職員說，傳說安妮王后的心臟因遵從她的遺願而埋葬於此，因此必定是這個小盒子。盒子裡只有灰燼（有可能以前是她的心臟），而這對教堂來說已足夠。他們將盒子重新埋於管風琴之下，並放上一個小牌子，提醒大家這可能是安妮·博林的心臟埋葬之處。遊客很愛這一套。參觀完後，別忘了再去鎮上的「王后頭酒吧」喝一杯。

當代的心臟埋葬

雖然心臟埋葬對大多數人來說幾乎是早已過時的議題，但從古至今，這種喪葬方式對某些人來說仍然深具吸引力。

作家湯瑪士·哈代（Thomas Hardy），一九二八年逝世，身體葬於英國西敏寺的詩人角，心臟與家人的遺體同葬於多賽特郡。（也有人說那其實是用動物的心臟替代的，因為取出哈代心臟的醫生將它放在餅乾罐裡，結果被他的貓發現然後吃掉了。）

現代奧林匹克運動會發起人古柏坦伯爵（Pierre de Coubertin），一九三七年逝世，心臟葬於希臘奧林匹亞。

奧匈帝國皇儲暨奧地利大公奧托・馮・哈布斯堡（Otto von Habsburg），二〇一一年逝世，遺體葬於維也納，心臟葬於匈牙利本篤修院。

查理一世和克倫威爾的頭顱

君主立憲制的興起

✣時間：西元一六〇〇至一六四九年與西元一五五九至一六五八年

這篇要來討論兩顆特別的人頭，兩位國家元首的頭：其中一顆是在他還活著的時候被砍掉，另一顆則在死後以更可怕的方式被砍掉。如果一定要砍頭的話，也許還是晚一點砍比較好。

第一顆被砍掉的頭來自英國國王查理一世（Charles I of England），他原本活得好好的，直到一群陰鬱的清教徒男子決定要砍他的頭，其中帶頭的叫做奧利佛．克倫威爾（Oliver Cromwell）。克倫威爾是國會派系的領導者，他渴望更多權力、更少稅收，以及將英國變成新教國家。當國王麻煩的頭被砍掉後，他的派系變得相當成功（至少持續了好一段時間）。克倫威爾代替國王，以護國主的身分統治國家，而且他很幸運，直到去世前他的頭都還在。然而不久之後，輪到無頭國王的兒子查理二世掌權，克倫威爾這下逃不掉了。他的棺木被打開，遺體被拖出來，吊在絞刑臺上好一陣子，殺雞儆猴。接著他的頭被砍下來，刺在一根木樁上，立於國會附近，提醒大家要是對政治過度狂熱會帶來什麼樣的危險。

以上的結論是：砍掉統治者的頭，是實際將統治者與政體分離的強而有力象徵。克倫威爾死後遭到砍頭，則代表此象徵效力甚至能夠延伸到人死之後。

十七世紀以降的砍頭事件不僅僅與政治有關。直到十九世紀，砍頭與其他更駭人聽聞的公開處刑（想想那些有趣的「娛樂活動」，包括開膛破肚、四分五裂，將人綁在木柱上燒死，當然還有簡單的絞刑），在歐洲各地被當作是奇特的大眾消遣。

倘若砍頭被當成娛樂活動，那麼，頭被架在斧頭下的人是怎麼想的？有趣的是，被判死刑者常常變身為盡忠職守的演員，標準流程是帶著勇氣與尊嚴，或是漫不經心的態度面對斧頭（或繩索等），一邊對群眾發表符合現場氣氛的演講。大眾看完這些頗受歡迎的血腥活動，回家還會在日記上評論受刑者的行為表現，好似影評評論某部電影中的演員。

以查理一世為例，他完全融入了砍頭戲碼。事實上，他的演出實在太精彩了，最終幫助了他的兒子查理二世奪回王位。查理二世不僅砍掉克倫威爾的頭，還砍掉了克倫威爾身邊多位共謀者的頭及身體其他部位（沒錯，活生生地）。

究竟是什麼原因引發了多起砍頭事件？查理一世從父親詹姆斯一世手中繼承了王位，很可惜的是，他顯然也繼承了父親對君權神授的著迷。此非原創且有點過時的想法認為國王比其他人更高一等，是神賦予國王權力來統治所有人。然而時代正在改變，這種想法在英國越來越不受歡迎。此外，所有爭議多半都和錢有關，這一點並不意外。查理一世認為自己擁有神權，包括可以不經國會同意就向人民徵稅——這對勢力逐漸壯大的中產階級來說是無法接受的事。查理一世還娶了一位羅馬天主教徒。要知道天主教徒在普遍信奉新教的英國越來越不受歡迎，查理一世很快就被捲入各種宗教爭端。

讓局面崩盤的最終原因是內戰爆發，查理一世果不其然被國會派領袖議員克倫威爾擊敗。因為他拒絕接受君主立憲制度，一些較激進的國會議員，包括克倫威爾認為國家元首的頭必須落地，國家才能進行改革。查理一世因此被冠上叛國罪送審。

直到審判開始前，查理一世都沒有表現出討好大眾的意思——畢竟誰會喜愛任意徵稅、傲慢擁護神授優越性的國王？他在位時的表現雖不出色，然而在面對死亡之

英國經驗：如何砍人頭？

砍頭其實不像看起來這麼容易，你需要的是一位熟練的劊子手。斬首通常是貴族的特權，他們絕對會想要用對的方法來砍頭：手起，頭落。多數科學家認為，乾淨利落的斬首其實相當人道，頭顱移除後估計最多只能維持七秒的意識，更多人認為應是立即失去意識。世上有各種各樣的行刑者，英國就有很多糟糕的劊子手。湯瑪斯．克倫威爾（奧利佛．克倫威爾的曾曾祖父）就遇到一個技術很差的，一直砍，砍到頭掉下來為止。一旁的觀眾驚嘆不已：「他還真有耐力，能忍受斧頭砍這麼多下。那劊子手的技術比屠夫還差，連工作都做不好。」安妮．博林顯然也想到這個問題，所以她指名一位來自法國、技術純熟的劍客幫她斬首。這想必也是王室成員的特權。

際，他優秀的演出卻令人刮目相看。他彷彿突然理解了莎士比亞所說的「世界是一個舞臺」的真義，而他就是舞臺上的主角。

在審判期間，他表現得像即將殉道的人，平靜接受一切；感到挫折的指控者迫切地公開嘗試將他定罪，這樣的舉動有時顯得比他更有罪。（他們的挫折不是沒有原因的：據說他們在審判前給查理九個選擇，讓他避免真的被處死，全都被他斷然拒絕了。）查理一世最後的日子都用來鑽研超級明星殉道者的角色。在行刑當日的早上，他與朝臣完成了第一版《國王之書：神聖國王獨居與受難紀》（*Eikon Basilike: The Pourtrature of His Sacred Majestie in His Solitudes and Sufferings*）。此為一本出色的宣傳手冊，書中有描繪虔誠國王的滿滿插畫，以極虔誠的方式請求他們原諒，同時隱晦地批判、譴責那些指控者。

行刑當日，查理一世在群眾面前演出一位莊嚴、肅穆、虔誠的國王的高潮結局。他被帶到特別罩上黑布的行刑臺上，滔滔不絕地發表演講（平常的結巴也沒了），還說出了好些不朽臺詞：「吾將於肉身轉為不朽，前往無擾之所，不受塵世滋擾。」

語畢，他脫下披風、手套和嘉德勳章，將自己的脖子置於斷頭臺上，向劊子手示意行刑——斧頭快速一揮，頭旋即落下。觀眾的反應並不像克倫威爾與其黨羽所希望的那樣雀躍歡呼。一個年輕男孩描述斧頭落下的那瞬間，傳來了「我從未聽過，而且希望再也不要聽到的呻吟聲。」沒過多久，將查理一世對比耶穌基督的耳語立刻在大街小巷傳開來。

輿論一時之間沒有受到太大影響，因為克倫威爾與國會成員掌控了新政府，而且態度非常強硬——也許過於強硬了。他們廢除君主制度，同時關閉了大多數的戲院和娛樂場所，禁止充滿喜樂的聖誕節慶祝儀式，關閉無數的旅館，不准女性化妝並為其建立「虔誠的」衣著規範。一點都不好玩的這一群人，讓整個社會隨著他們陷入一片清教徒狂熱之中。他們為自己的垮臺鋪路，而且在克倫威爾死後沒多久就實現了。查理一世的長子，即之後的查理二世從流放之地回到英國，與不肯讓步的國會議員交戰幾次後恢復了君主制。

經過了一個又一個世代，查理一世依舊是正義國王的代表，他成了欲中張民主者以不正義、粗暴的方式對待的典型受害者——也是英國君主主義者自我辯護的理由。在這裡我們必須補充說明一點：克倫威爾一派斗膽砍下國王的頭一事，之後獲得了官方赦免。大概過了三百多年後吧。

泰伯恩假期

在英國，平民百姓違反法律不會處以砍頭之刑，而是絞刑。但偶爾還是會有破格演出。絞刑的主要行刑地點在泰伯恩（Tyburn），靠近現今倫敦的大理石拱門（Marble Arch），行刑日則被稱為「泰伯恩假期」。一批批囚犯搭著馬車從新門監獄（Newgate Prison）到泰伯恩刑場，沿路接受群眾的夾道歡呼，表現得越不在意的囚犯越受歡迎。許多犯人，特別是被判死刑的強盜，會穿上最好的衣服，發表無所畏懼又風趣的演講；還有許多犯人會喝點酒壯膽，倒也不是壞事。監獄馬車抵達刑場前通常會在酒館暫停，讓男女死刑犯喝個酩酊大醉——酒館的標準笑話就是他們「之後回來再付酒錢」。

西班牙卡洛斯二世的下巴

為維持家族權力必須付出的不幸犧牲

❖時間：西元一六六一至一七〇〇年

西班牙的卡洛斯二世（Charles II of Spain）是佔盡一切優勢的國王。身為統治歐洲廣大領土的哈布斯堡家族一員，舉世皆知的王室富家子弟，他繼承了所有資源：金錢、土地、權力與王位。

同樣地，他也繼承了哈布斯堡家族著名的下巴，造成他的臉部扭曲，不停地流口水，干擾他說話，為他帶來了負面的名聲。世人稱之為哈布斯堡下巴（Habsburg jaw），來自王室家族近親（真的很近）通婚的結果——最終成為他們（西班牙）王朝衰敗的象徵。

六百多年來，哈布斯堡家族一直是歐洲政治的主要參與者——他們從十三世紀的瑞士發跡，然後逐漸移入奧地利、德國與波希米亞。一四五二年，腓特烈三世（Frederick III）成為神聖羅馬帝國皇帝，鞏固了哈布斯堡家族的影響力。從那時起，哈布斯堡家族成為統治歐洲的重要王朝之一，其保持地位的方式先是與其他深具影響力的家族政治聯姻，後則是家族內部的策略聯姻。血緣關係相近的聯姻導致了基因問題，最終造就了所謂的家族下巴。

哈布斯堡下巴，有時也稱作哈布斯堡嘴唇（Habsburg lip），以科學用語來說可能是下顎前突或上顎後縮，或是下顎前突加上顎後縮。絕對不是你想像中的強壯下巴或是方下巴，簡言之，就是一個很突出的下巴，極度突出，突到咬合不正，嘴巴無法完全閉合。這樣的下巴同時伴隨了上顎骨發育不全，使臉部中間凹陷，常常造成下唇與舌頭異常豐厚，導致話說不清楚。

近親通婚雖然延續了哈布斯堡家族的權力，卻也造成了遺傳的惡果。起初，他們透過與其他身分尊貴的家族聯姻，獲取權力與新王位，將權力基礎從奧地利拓展至歐洲各地區。就在一四九六年，勃根地的菲利普一世（Philip I of Burgundy）與卡斯提爾的胡安娜（Joanna of Castile）聯姻，讓哈布斯堡家族進入了西班牙王室。從這時起，他們稍微改變了聯姻方式。他們需要更有策略地收攏權力，而這個「策略」就是將權力留在「家族內」。

近親通婚在歐洲各王室家族中相當常見，哈布斯堡家族（特別是西班牙哈布斯堡分支）則將近親通婚拉高到另一個層次。在一五一六到一七〇〇年間，西班牙哈布斯堡家族的十一次近親通婚中有九次是血親通婚。血親通婚主要指的是堂表兄弟姊妹的孩子之間的婚姻，或更近的血緣聯姻；哈布斯堡家族卻繞過這個選項，更傾向堂表兄弟姊妹、雙重堂表兄弟姊妹（例如你的父母和你的堂表兄弟姊妹的父母是兄弟姊妹），或是叔姪女與舅甥女之間的聯姻。

因此，卡洛斯二世的家譜充滿了來來回回、非常彎曲的分支：卡洛斯的母親是他父親的外甥女，這讓卡洛斯除了是父母親的兒子，同時也是父親的甥孫與母親的表弟；他的祖母（母親的母親）是他的姑姑，他是祖母的孫子也是姪子；他的曾祖父母都源自同一對夫妻，即菲利浦一世與胡安娜的後代。

如此親密、團結的家族（特別是西班牙分支），難怪最終逃不過棘手的基因遺傳。哈布斯堡下巴不是家族近親通婚的唯一特徵，還有哈布斯堡鼻子——鼻樑突起，鼻尖突出（鼻尖突出是另一個上顎發育不全的特徵）——還有許多非解剖構造引起的令人不愉快之處，包括痛風、氣喘、癲癇、水腫與憂鬱。是的，要當哈布斯堡家族的

輕量版哈布斯堡下巴

哈布斯堡下巴四處傳播，最後甚至出現在受人喜愛的瑪麗·安東妮（Marie Antoinette）臉上，這是從她的母親奧地利的瑪麗亞·特蕾莎（Maria Theresa of Austria）傳來的。瑪麗的下巴是輕量版的哈布斯堡下巴，和折磨其他遠房親戚的毀容版下巴不同，稍微突出的下唇只是讓她看起來有點噘嘴。但這也讓她夠煩惱的了，於是每次畫肖像時，她都不准畫家畫她的側臉。

人不容易，尤其是近親通婚只會越來越多。

關於下巴的遺傳問題，曾連續九代出現在哈布斯堡家族成員的身上，有些人症狀輕微，有些人問題比較嚴重。據說第一位西班牙哈布斯堡國王暨神聖羅馬帝國皇帝卡洛斯五世（即西班牙的卡洛斯一世），在一五一六年從根特抵達西班牙時，一位平民嘲笑地說：「殿下，請閉上嘴巴！此處的蒼蠅非常無禮。」卡洛斯一世不太可能理會他——畢竟他是國王，難道老百姓叫他做什麼他就做嗎？但就算他想嘗試，可能也無法闔上他的嘴巴。

從第一任西班牙哈布斯堡國王快轉一百四十五年，來到西元一六六一年，卡洛斯二世誕生。他可能是最糟糕的哈布斯堡下巴代表人物，嚴重到看到的人下巴都要掉下來的程度。他的下巴嚴重錯位，加上他的舌頭與下唇非常豐厚，導致人們聽不懂他說的話。卡洛斯二世滿二十四歲那年，巴洛克畫家胡安・卡雷尼奧・德米蘭達（Juan Carreño de Miranda）替國王繪製了一幅知名肖像畫。當時的畫家會盡可能為王室主角留下姣好的樣貌（即十七世紀版本的修圖），但在安撫對方的同時還是要能讓人認得出畫中人物的身分。因此，卡洛斯二世的肖像畫的確展示了嚴重的咬合不正和不尋常的下巴，但這和他的真實樣貌顯然仍有差距。當法國王室與西班牙商談奧爾良的瑪麗・路易絲（Marie Louise of Orléans）與卡洛斯二世聯姻的可能性，並派遣大使前往西班牙宮廷探查情況。法國大使寫信回報：「該天主教國王醜陋到令人生畏。」（不論如何，瑪麗都得嫁他。這並不是一段幸福美滿的婚姻。）

卡洛斯要處理的不只有下巴問題，他還得面對不怎麼像父母的父母親。從任何層面看來，他都不是在充滿愛與耐心的環境下長大。他從出生以來就有許多健康問題，對家族來說，延續他的生命並讓他繼承西班牙王位，這才是唯一重要的事。像是教育這種小事，一點都不重要。這代表卡洛斯沒有接受正規教育，而且很有可能不識字。（有些記錄說他有智能障礙，有些則說他看起來像有智能障礙，很可能是缺乏教育之故。）甚至說話與走路都被認為不重要，據說卡洛斯直到四歲才開口說話，而他的母親以「保持健康」為由，去哪都讓人背著他，直到八或十歲才讓他自己走路。

就算成年以後，情況也不比童年好到哪去。他依舊不太健康，也不太會說話，個性也很難相處。到了三十歲時，他嚴重落髮、行走困難，甚至產生幻覺。他曾被形容成「矮小、瘸腿、患有癲癇，在三十五歲前就變成光頭，總是在死亡邊緣徘徊，然而他總是能繼續活下去，讓整個基督教世界感到困惑。」難怪他的臣民會戲稱他為「著魔者」（El Hechizado）。

最諷刺的是，最後導致哈布斯堡家族失去西班牙的理由，跟他們努力想保住它的原因一樣。來自聖地牙哥德坎波斯特拉大學，專門研究哈布斯堡家族的學者做出以下結論：近親通婚嚴重損害基因組成，最終導致他們無法生育。卡洛斯二世沒有孩子，他在一七〇〇年過世後，西班牙哈布斯堡王朝便隨之結束。因為卡洛斯二世沒有繼承人，最後他被迫任命他同父異母姊姊瑪麗亞・特蕾莎（Maria Theresa）與法王路易十四（Louis XIV）的孫子安茹的菲利浦（Philip d'Anjou）為繼承人。此舉導致後來的西班牙王位繼承戰爭。

中世紀流行色：哈布斯堡黃

從維也納到克拉科夫（Krakow）再到哥多華（Cordoba），許多哈布斯堡建築，特別是官方建築，都有一種引人注目的金黃色，稱作哈布斯堡黃。

因為擁有神聖羅馬帝國的頭銜，自從選擇以黑色和黃色作為官方家徽的代表色之後，黃色就變得與哈布斯堡家族密不可分。在中古時期，黃色其實帶有些許負面含義，和監獄、妒嫉與欺騙有關；但黃色也是黃金的顏色，即財富與權力的象徵。

黃色變成哈布斯堡家族快速辨識「這是我們的」識別標誌。在分布範圍遼闊的跨帝國中，他們將官方建築物漆上相同的黃色，使房子的正面呈現一致的樣貌。因為哈布斯堡家族非常喜愛黃色，宮廷裡的奉承者與夢想成名的中產階級也成為黃色的愛好者。十九世紀時，哈布斯堡黃變成高檔住宅與別墅的首選顏色，然後逐漸向下蔓延至平民的房屋、農舍與其他建物上。

由於一樁策略聯姻，哈布斯堡黃甚至出現在新世界的土地上。哈布斯堡公主萊奧波爾蒂娜（Leopoldina）嫁給葡萄牙國王佩德羅（Dom Pedro），即巴西的創建者與首位皇帝。身為巴西皇后，她將自己的家族背景帶到了當地，包括推動奧地利人移民到新世界（一些來自蒂羅爾山谷的移民在巴西建立了村莊，居民至今仍會說德語），並將哈布斯堡黃放在巴西國旗上，一直保留到現在。

華盛頓的假牙

從牙齒看偉人形象以及其不可告人的祕密

❖時間：西元一七三二至一七九九年

美國開國元勳喬治．華盛頓（George Washington）有一口爛牙，謠傳他在吉爾伯特．斯圖爾特（Gilbert Stuart）為他畫的肖像畫中抿緊嘴巴，就是因為假牙不合。雖然我們無法確定謠言是否為真，但牙齒的問題的確困擾著華盛頓，而且在他過世多年後，他的牙齒還繼續困擾著他的歷史名聲。

華盛頓從二十歲就開始累積他的看牙資歷。二十四歲時，他在英法北美戰爭中擔任維吉尼亞兵團司令，他在日記裡寫自己付了五先令給一名「華生醫生」，讓他替自己拔牙。他有許許多多次拔牙記錄，這才只是開始。隨著華盛頓的社會地位逐漸上升，他的牙齒狀況卻每況愈下。他的戰場書信與日記內容在牙醫讀來很刺激，經常談

導致康沃利斯垮臺的牙齒

雖然華盛頓常在日記和書信中提到牙齒，平時對口腔問題可是守口如瓶。當英軍攔截到大陸軍的郵件包裹時，發現了一封華盛頓寫給費城的牙醫的信，要求對方寄些清潔牙齒的工具到紐約（軍隊駐紮之處），因為他「近期不太有機會能到費城」。那封被攔截的信讓他尷尬極了，但事實證明，那封信被攔截得正好。英軍指揮官亨利．克林頓爵士（Sir Henry Clinton）將「我未來不會待在費城」解讀為美國人跟法國軍隊會留在紐約附近，所以他不需要增援康沃利斯侯爵（Charles Cornwallis）在約克城的軍隊。很可惜，他錯了。華盛頓和法國指揮官想要往南移動，與康沃利斯的軍隊交戰——他們確實這樣做了，並且一舉擊敗敵軍。

到牙齒痛、牙齦問題與治療牙齒的經歷，他的帳本則記錄了他購買的牙刷、藥品和刮牙器具。在四十九歲擔任軍團總司令時，華盛頓已經裝了不少假牙；到了五十七歲成為美國建國首位總統時，他嘴裡只剩一顆真牙。熱切崇拜他的大眾不會注意到這一點，因為就像許多有能力負擔漂亮新牙的人，華盛頓選擇裝全口假牙。

長久以來有一則傳言，說華盛頓的假牙是木頭製的，引人揣測木頭碎屑是否會插入牙齦，進而談及應該要好好打磨、拋光那些假牙。但是木製假牙就像「我用小斧頭砍下櫻桃樹」的故事一樣，都是虛構的。歷史上真的有也曾經有木製假牙，但到了十八世紀中期，大多數假牙——特別是牙齒不好但身家很好的人的假牙——都不是木製的，而是使用更接近牙齒的材料製作的假牙，包括使用真正的牙齒本身。跟大家想的一樣，一位將軍、傑出政治家與大農莊主人不會使用劣質假牙，而是精品假牙。這就是華盛頓的假牙：一個由河馬牙齒雕刻而成的牙托，上面鑲入完美的真牙。有些假牙使用馬和驢子的部分牙齒，磨成近似人齒的大小，但大多數是用真的人齒。因為使用人齒，讓本來只是很普通的牙齒問題變成現代倫理與公關問題。最重要的問題是：華盛頓的假牙用的是誰的牙齒？

在華盛頓的牙醫尚・皮埃爾・勒邁耶（Dr. Jean Pierre Le Mayeur）拜訪前數月，

維農山莊（Mount Vernon）的帳本中有一筆一七八四年五月八日的紀錄，支出六鎊兩先令「現金換取黑人的九顆牙齒，給雷蒙勒醫生」。我們不清楚華盛頓是否從農莊奴隸身上購得九顆牙齒，給牙醫用於製作他的或他家人的假牙，抑或是給勒邁耶的禮物，但這顯然是筆好買賣。勒邁耶曾在紐約刊登廣告，說他會付二幾尼（英國舊時金幣）給每顆「良好的」大門牙。「良好的」不僅指「狀況良好」，還得是白人的牙……而且要潔白，沒有發黃。他在廣告中清楚說明了他的要求，必須是「非奴隸」的牙。維農山莊的九顆牙齒如果是白人的牙齒，價值約十八鎊；但因為是非白人的牙齒，價值低於六鎊，約只有白人牙齒的三分之一價格。

當然，這些「黑奴」很有可能從沒有見過他們賣牙齒的錢，而是歸入維農山莊的收入。此外，如同維農山莊婦女協會（Mount Vernon Ladies' Association）「技巧性」地指出：「重點是，雖然華盛頓付錢向農奴買牙齒，不代表農奴有拒絕要求的選項。」是的，即便是他們的牙齒，也受制於無齒的奴隸主人的心血來潮。

富有卻吝嗇的華盛頓會選擇最不花錢的方式取得假牙，倒也不意外。他一直都在想辦法節省治療牙齒的費用。回到一七八二年，當時華盛頓仍是軍隊指揮官，在戰場上寫信給維農山莊的管家，即他的遠房堂哥朗德・華盛頓（Lund Washington），請

駭人聽聞的假牙歷史

目前已知最古老的假牙是在墨西哥被發現的，可追溯至西元前二五〇〇年，由動物牙齒（可能是狼）所製成。動物牙齒是爾後數百年間的假牙首選材料，至少學者們是這樣認為，因為最早的證據來自西元前七〇〇年（找不到更舊的假牙了）。伊特拉斯坎人（Etruscans）選取人或動物的牙齒，用黃金鍛造的金屬片夾起來，然後用綁或釘的方式固定在原本的牙齒旁邊。請看，這就古代的牙橋技術！這種假牙很容易磨損，需要經常更換，通常只有有錢人才用得起。不過伊特拉斯坎人覺得這項技術很好用，就這樣用了數百年之久。

下一種假牙技術的大躍進出現在十六世紀的日本與木頭假牙的發明。工匠以高超的技術雕刻出吻合顧客嘴部蠟模的木頭替代品，使假牙更為貼合，並且成為更受歡迎的選擇。直到進入二十世紀前，木製假牙一直是熱門商品。木頭並不是製作假牙的唯一選擇，牙醫也會使用動物牙齒——在十八世紀時，海象、大象或河馬的長牙成為最新材質。到了十八世紀後半，瓷牙成為新流行。瓷牙號稱是「不會壞的」假牙，由法國牙醫親手上色，整體看起來更自然。瓷牙雖然好看，但並不好用——它容易碎裂。於是流行又開始復古，回到動物齒假牙，以及人們夢寐以求的人齒假牙。

問題是，人齒供不應求，因為大多數活著的人都需要牙齒。但死人不需要……因此死人成為假牙供應鏈的重要貨源。當時的牙醫經常從屍體採集牙齒。華盛頓過世幾年後，法國出現了一種稱為「滑鐵盧牙齒」的假牙，因為這些牙齒來自一八一五年滑鐵盧戰役中死亡的數千名士兵（估計多達五萬人）。死刑犯也是採集牙齒的便利來源。來源看起來很多，但還是不夠。假牙市場對人齒的需求之強烈，使活人也成為供應鏈的一環。貧窮的人出售牙齒獲取金錢，然而有些活齒捐贈者並非因為急需金錢，而是因為他們沒有選擇的權利——他們可能是被監禁者，或者奴隸（想想華盛頓的例子）。這是牙醫界心照不宣的祕密，是人們不願面對的假牙黑暗祕辛。

對方從上鎖的抽屜找出他之前被拔下來的一些牙齒。他要朗德寄這些牙齒給他，用於他正請人製作的假牙上。同樣地，他不願買更昂貴的牙齒放在齒模上，而是忍痛花了六鎊購買「黑人牙齒」。

儘管他的假牙來源可能為他的形象帶來公關問題，但據說當時華盛頓對蓄奴的想法深感矛盾，甚至公開表示自己非常希望新建立的共和國可以終結蓄奴制度。然而，他對蓄奴制度的厭惡，並沒有阻止他持續擁有奴隸長達五十六年（從他十一歲開始算起）。如同他對於牙齒保持實際、吝嗇的態度，對於人類財產也是如此。舉例來說，當康沃利斯於約克城投降時，華盛頓確保所有從他的山莊逃到英國軍隊的奴隸都有被抓回來。（傑佛遜也是如此。）他最終還是解放了維農山莊的所有奴隸，在擁有人類財產的開國元勳中只有他這樣做。他在一七九九年的遺囑中寫到，維農山莊的所有奴隸都該被釋放——但是要等到他死後。

班奈狄克．阿諾德的腿

革命失去榮耀、英雄變成叛徒的原因

✣時間：西元一七四一至一八〇一年

叛變軍官班奈狄克．阿諾德（Benedict Arnold）是美國獨立戰爭的傳說人物，也是新聯邦成立後的第一號反派人物。（當然，英國人與支持保皇黨的三分之一北美殖民地居民可能不會同意，但誰叫他們戰敗了。）人們對阿諾德的厭惡程度之高，甚至他在家鄉康乃狄克州諾威奇（Norwich）的手寫出生紀錄上，被正式列為「叛徒班奈狄克．阿諾德」。

說句公道話，阿諾德並非百分之百的叛徒，頂多只有九成。那剩下的一成是啥？嗯，人的一條大腿大約佔人整體的百分之十。不像阿諾德本人，他的腿受到英雄式的對待，被銘記在薩拉托加國家歷史公園（Saratoga National Historical Park）的花崗岩紀念碑上：「紀念大陸軍『最傑出的士兵』，他在一七七七年十月七日於此地伯格因西方要塞的突破口受了重傷，為他的同胞贏得美國獨立戰爭的決定性戰役，並且為自己贏得少將的軍銜。」

眼尖的讀者一定會注意到，碑文並沒有提及「最傑出的士兵」的名字。是的，即使在認可阿諾德英勇事蹟的紀念碑上，他仍是美國獨立戰爭中「那個不能說出名字的人」。然而前南北戰爭將軍暨軍事歷史學家約翰·瓦茲·德沛依斯特（John Watts de Peyster），非常有感於阿諾德變節前的英勇行為，因此立了這個無名紀念碑，向他忠誠的腿致敬。

話說回來，阿諾德的腿除了在美國獨立戰爭中受到重傷，其實並沒有特別的貢獻。相反地，腿傷可能是導致阿諾德不滿，最後讓英雄變成叛徒的主要原因。

班奈狄克·阿諾德無疑是一位英雄——從一七七五年四月首次帶領民兵軍隊，到一個月後佔領英國炮兵要塞康德羅加堡；即便妻子過世，他仍勇敢帶兵遠征加拿大，試圖奪取魁北克；儘管他的腿受傷了（就是那條腿），仍成功阻擋英軍。他是美國獨立戰爭的名人，英國對美國事務部大臣熱爾曼勳爵（Lord Germain）稱他是美國軍隊中「最有魄力且最危險」的戰地指揮官。

他的戰爭生涯在一七七七年的薩拉托加戰役（Saratoga Campaign）後暫停了一陣子。他在帶領軍隊進攻時左大腿受了傷，同一條腿曾在魁北克遠征時被馬匹壓在身下而受傷。無論如何，他活下來了，大陸軍也是因為他的帶領而贏得戰役。如同他曾帶領的某位士兵寫道，阿諾德在那場戰役中簡直是「戰爭天才」。

士兵們可能很尊敬他在戰場上的領導才能，但休養中的阿諾德卻覺得大陸軍中的權貴並不把他當一回事。有五名低階軍官受到提拔晉升，他卻被略過了。他變得多疑，認為其他的傑出將領在背後批評他、搶他的功勞，包括曾一同並肩作戰的伊森·艾倫（Ethan Allen）。當他因腿傷停留費城之際，他覺得自己並未受到重視。

他不是唯一有這種感受的人。許多大陸軍士兵都覺得遭到忽略，特別是非軍官士兵。階級優越可能是一部分原因。數以千計的中產階級男性加入了民兵團，只有少許人在正規軍中服役。隨著戰爭繼續，不論是中產階級還是其他人，真正想待在軍隊裡的人變得越來越少，激勵人心的熱情逐漸趨於老套乏味、缺乏活力，對比甚大。戰爭初期，每個人都想成為對抗英國的一員。一七七五年四月十九日，保羅·里維爾（Paul Revere）警告「英軍即將來襲」後的一週，來自新英格蘭四個殖民地的一萬六千名男子組成軍隊。兩個月後，大陸會議接管大局，讓新英格蘭軍加入國家大陸軍。

大陸軍最致命的敵人

從軍當然很危險，但是對參與美國革命的士兵來說，最致命的威脅並非英軍，而是可怕的天花。天花席捲了兩方軍隊，然而大陸軍所受的影響遠甚於英軍；後者普遍對天花免疫，可能是因為接種過疫苗或得過天花。重點是，在天花肆虐期間，英軍立刻讓士兵接種疫苗；相反地，華盛頓卻不願意讓大陸軍接種疫苗，因為不願見到士兵在打針後的一段時間內無法打仗。然而天花的傳播並沒有舒緩的趨勢，疫情從一七七五年一直持續到一七八二年。最後，華盛頓終於決定讓整個軍隊接種疫苗，成為美國史上首次執行的大規模防疫政策。

又過了僅僅六個月，一七七六年一月，喬治・華盛頓將軍對於缺少熱血男子渴望加入軍隊開始感到些許氣餒。

華盛頓在給約瑟夫・利德（Joseph Reed）的信中寫道：「我不再寄望能藉由志願募兵招滿軍隊。」當首波因「打倒英軍」而飆升的腎上腺素消退後，許多人開始意識到身在軍隊中的不便之處，包括受傷或戰死。軍隊必須提供足夠的誘因吸引人們入伍，例如簽約金、房產、縮短役期或延長休假等。當國會於一七七七年當提出兵役必須至少服滿三年，或是直到戰爭結束（就看何者比較快來臨），政府軍就得隨之提高誘因。許多有錢能避掉服役的「愛國者」隨即獻出資金，上戰場的士兵大多是貧窮、單身、沒有資產的年輕男子，從軍只是為了福利津貼而非愛國熱忱。某位士兵後來寫了本回憶錄，他描述道：「我怎麼樣都得去，不如就為了自己用盡全力去多賺點錢。」即便如此，增加獎金，再加上能言善道的招募員，也無法吸引更多人入伍。這逼得大多數州政府在一七七八年底轉為徵兵制。

無可否認，阿諾德較一般失望的大陸軍士兵走得更前面一些。有人說他受到支持保皇黨的年輕妻子煽動，其他人則認為他遭到陷害，被迫叛國變節；後者的說法直指費城執行委員會（Supreme Executive Council）主席約瑟夫・利德，說他不僅傳播阿諾德涉入叛國活動的謠言，並且試圖以看起來就像強加上去的叛國罪名起訴阿諾德。

當然，幾年之後，阿諾德才真的走上叛國一途，計畫將他管轄的西點要塞交給英軍。當陰謀被揭穿，共謀者英國少校約翰・安德雷（John André）被送上絞刑臺，阿諾德則投向英國軍隊，擔任英軍准將，參與了兩場戰役，最後落腳英國，以外人的身分過完一生，然後逐漸被遺忘。他在美國被記為叛徒，但他的確留下了他的腿當作遺產，在某種程度上兌現了預言。

多年前，當阿諾德帶領英軍時，他詢問一位被俘擄的大陸軍上校，如果自己被抓了，美國人會怎麼對他？這位軍官回答：「他們會砍下你在薩拉托加受傷的腿，以軍禮安葬它，剩下的部位會被掛在刑架上。」

雖不中，亦不遠矣。

當叛徒到底能賺多少錢？

以下是班奈狄克．阿諾德的收支表。

六千鎊：線上西點要塞投降失敗獲得的頭期款（如果當時成功了，他將獲得兩萬鎊）。

三百一十五鎊：匿名支出。

一年六百五十鎊：在英軍服役的年俸（直到一七八三年簽訂了和平條約才停止，之後每年可獲得兩百二十五鎊）。

超過兩千鎊：他與手下在維吉尼亞州詹姆斯河上攔截大陸軍船的獎金。

根據喬治國王的命令，他的第二任妻子每年可獲得津貼五百鎊，他們的孩子（包括尚未出生者）每年獲得津貼八十鎊。

總計：那得看是由哪位歷史學家進行估算。阿諾德當叛徒所賺金額，以今日的價值估計，約在五萬五至十二萬鎊之間。不論換算成今日幣值有多少，顯然他都不甚滿意。他於一七八五年試圖要求更多津貼，並提出另一筆高達一萬六千一百二十五鎊的請求，來彌補他因換邊站而產生的損失。但他沒得到半毛錢。

馬拉的皮膚

政治宣傳的藝術

❖時間：西元一七四三至一七九三年

有一幅世界知名的畫作，描繪一名躺在浴缸裡死去的男性，他因皮膚問題經常浸泡在這個浴缸裡。這幅畫被稱為《馬拉之死》，它曾重新點燃了法國大革命，並且創造了一位革命烈士。這是一張CSI犯罪場景照片，也是一幅宗教藝術的傑出代表作，描繪出法國革命家尚保羅．馬拉（Jean-Paul Marat）被刺殺後的場景。

馬拉被暗殺時正在家裡辦公，充當「辦公室」的浴缸上橫放著一塊木板，以便他放置文件。那個夏天他過得很辛苦，長久困擾著他的皮膚問題變得越來越糟糕，使他不得不放下掌權的革命政府（推翻法國帝制並斬首國王的國民公會），逐漸淡出。大部分的時間他都泡在浴缸裡，那是唯一能讓他灼熱且搔癢的皮膚稍微舒緩的地方。老朋友和同伴一直避免和他接觸。他所代表的激進實踐派——事實上是斬首派——已然過時。

浴缸中的馬拉仍致力寫信給公會，希望能對新政府產生影響。儘管之前的雅各賓派（Club de Jacobins）同志們已不再參與他所提倡的暴力革命，他仍呼籲他們採取行動對抗人民的敵人。他身為法國大革命主要發起者的日子看似已經過去了。畢竟，他被迫泡在浴缸裡，無法發表演說激勵人民，又該如何發揮影響力？

然而馬拉沒有意識到，他將為法國大革命帶來超越他所能想像的更大影響力，而泡在浴缸裡正是關鍵。

一七九三年七月十三日夜裡，一位名為夏綠蒂．科黛（Charlotte Corday）的女子前來探視浴缸裡的馬拉。她告訴馬拉自己握有反革命黨成員的消息，包括馬拉口中的吉倫特派（Girondists），他們是反對革命暴力的溫和主義者。馬拉抄寫著夏綠蒂透露的名字，突然間，她從馬甲裡抽出一把菜刀，往馬拉的胸前刺去，割傷了馬拉的頸動脈。血液從傷口湧出，馬拉對著隔壁房間的妻子呼喊：「親愛的！救命！」最終，他倒臥在浴缸中死去。

四天後，夏綠蒂被處死。她沒有機會逃離馬拉的家，她也不想逃。身為吉倫特派的支持者，她刺殺馬拉是因為擔心他激進的立場可能導致法國內戰。她在法庭上的自白是這麼說的：「殺一人，救十萬人。」她在最後一刻不得不改變計畫，在浴缸裡殺了他。她原本希望能在眾人面前將他殺死，好讓激動的群眾殺了自己——這是一種藉由警察協助的變相自殺方式，她希望利用這種方式使自己成為吉倫特派的烈士。然而這次的暗殺卻讓馬拉成為了烈士，激發了雅各賓派的團結。

年輕時的馬拉並不會讓人聯想到革命烈士。他曾是一名醫生（醫治的竟然是法國宮庭大臣），也是反對牛頓的科學家，因為沒被選入科學院而惱怒。後來他轉而從政，並在一七八八年他四十六歲時成為全職激進改革者。當時法國大革命的種子才開始播種，而他對於革命的願景讓他的名聲一下就傳開來。他於一七八九年九月開辦革命刊物《人民之友》（*L'Ami du Peuple*），影響力不斷擴大。身為貧苦人民的堅強支持者，他撰寫充滿煽動力的文章，激發大眾為自己的權利抗爭。他是改革者中的改革者，不僅譴責貴族，更痛罵那些改革不力的改革人士。他也是個多愁善感的人，曾在一七九〇年七月的刊物中如此描述革命反對者：「我們即將獻身！五六百個人頭將換來平靜、自由和幸福。」

鼓吹暴力革命必然為他帶來不利之處。馬拉經常被迫藏身在巴黎的地下墓穴或下

浴缸究竟流落何方？

就在馬拉被刺殺後，他的浴缸就從家中消失了，使得這場革命失去了一個特別重要的象徵。

普遍認為，他的妻子將浴缸賣給了鄰居，而鄰居又將其轉賣。一八六二年時，這個浴缸出現在布列塔尼教區牧師的家中。一名《費加洛報》（*Le Figaro*）的記者追蹤到此浴缸時，該牧師這才意識到他所使用的浴缸能為教區帶來一大筆財富。他先是打算將浴缸賣給卡納瓦雷博物館（Musée Carnavalet），卻遭到拒絕，原因是價格過高，而且館方無法確認那是否真的是馬拉的浴缸。杜莎夫人蠟像館（Madame Tussaud's wax museum）願意以十萬法郎收購，但據說牧師的同意信函在郵寄過程中遺失，館方等到不耐煩也不想要了。後來牧師拒絕了幾個出價過低的買家，其中包括美國的馬戲團經紀人巴納姆（P.T. Barnum），最後僅以五千法郎將浴缸賣給葛雷萬蠟像館（Musée Grévin）。館方以駭人的方式重現馬拉之死，使其成為該館的主要展覽。

水道，不論是任何人都不會樂意待在那種地方，對一個長期患有惱人皮膚病的人來說更是個大問題。馬拉患有嚴重的皮膚炎，他的皮膚時常搔癢、灼熱，而且他還有失眠、口乾舌燥、頭痛和妄想等症狀。現代醫師和歷史學家無法肯定，究竟是因為他經常待在下水道才引發疾病，或是下水道的環境使他的症狀加劇。不過他們都認為，馬拉的疾病是在一七八八至一七九〇年間開始發作，唯有浸泡在藥水裡才能讓他稍微舒服一點。

讓我們回到那張畫和畫中描繪的七月十三日刺殺事件。雅各賓派立刻將馬拉不甚光彩的死亡推崇為法國的各各他[1]，「讓馬拉變成烈士」成為政治宣傳的焦點。馬拉的死——尤其是死在敵人吉倫特派手上——使得生前與他保持距離的雅各賓派張開雙臂擁護他。比起活著的馬拉，死去的馬拉對他們來說更有價值（至少他不會再意見這麼多）。他們著手將馬拉塑造成革命的第一個受難者，一個激進、反貴族勢力、反宗教的彌賽亞。

1. 各各他山（Golgotha）位在耶路撒冷城郊，是耶穌受難被釘於十字架之地，而「各各他」這個名稱也因此帶有受苦受難、犧牲奉獻之意。

當時非常有名的畫家，實際上也是這場革命的官方藝術家賈克路易・大衛（Jacques-Louis David）負責安排馬拉的葬禮，並將這起暗殺事件畫成油畫，以茲紀念。葬禮進行了六小時，最後繞行巴黎街道，在禮炮齊鳴的儀式中畫下句點。馬拉的遺骨被埋葬在名人賢士長眠的先賢祠。薩德侯爵（Marquis de Sade，就是那位鼎鼎大名的侯爵）也為他歌頌，毫不保留地推崇他：「如同耶穌，馬拉愛護人民，人民是他唯一的愛；如同耶穌，馬拉厭惡王公貴族、牧師和盜賊；如同耶穌，他從不停止對抗這些社會的毒瘤。」

這些人顯然要將馬拉的形象與耶穌連結在一起，這才只是開始而以。大衛於一七九三年十月完成畫作，重現了當時的場景：擺放在浴缸上的木板，木板上有紙筆，馬拉的身體探出浴缸。但是，畫中的馬拉並不是中年男子，他的皮膚上也沒有痘瘡和病癥（那是他為什麼會泡在浴缸裡的主因）。畫中的馬拉變成皮膚光滑的年輕男子，他在浴缸中的姿態彷若耶穌基督，與卡拉瓦喬（Caravaggio）的《埋葬基督》（*The Entombment of Christ*）以及米開朗基羅（Michelangelo）的《聖殤像》（*Pietà*）這兩幅畫所描繪的基督非常相似。這是政治宣傳的第一步。在羅伯斯皮爾（Robespierre）和其他雅各賓派領導者的指令下，大衛的學生開始印製並散播畫像，並且附上鼓吹革命的文字。接下來的動作更多：馬拉的半身像取代了教堂裡的聖像和十字架，詩歌和戲劇都在讚頌他，他變成了法國新興的非宗教政治聖人。

然而，即便身為一名革命聖人，聲望仍可能稍縱即逝，特別是在反對革命者起身反對之時。馬拉遭暗殺一年後，發生了一場「熱月政變」。雅各賓派在政變中失勢，神聖的革命烈士馬拉很快就變成眾人責罵的對象。一七九五年二月，他的遺體被遷出先賢祠。一七九五年二月四日，《環球箴言報》（*Le Moniteur Universel*）刊登了一篇新聞，報導馬拉如何跌落神壇，失去民心。嬉鬧的孩子抬著他的半身像在城裡繞來繞去，最後來到蒙馬特（在大革命期間，此區一度改名為「蒙馬拉」），大喊著：「馬拉，這裡就是你的先賢祠！」然後他們將半身像丟進了下水道，此舉真是諷刺又貼近現實。

這幅畫後來怎麼了？

羅伯斯皮爾被推翻並處死後，《馬拉之死》不再是過去那幅難以言喻的絕妙畫作。一七九五年，大衛要求收回這幅畫。當時他因參與革命而遭到起訴，當他流亡比利時，這幅畫幾近銷聲匿跡。十九世紀中葉，這幅畫重現天日，再次大受歡迎，這要歸功於同為詩人與藝術評論家的波特萊爾（Charles Baudelaire）。自此，《馬拉之死》成為激發無數藝術家的靈感，其中包括畢卡索和孟克（Munch），許多詩人和作家也深受影響，例如彼得．魏斯（Peter Weiss）的經典戲劇《馬拉／薩德》（*Marat / Sade*）。

拜倫的腳

現代名流的誕生

✣ 時間：西元一七八八至一八二四年

「她在美中行走，像黑夜。」英國詩人拜倫爵勛（George Gordon, Lord Byron）如此寫道。身為當時文壇熱門風流人物，又是浪漫運動的其中一位發起者，拜倫在嘗試駕馭他的謬思女神時仍舊遭遇到許多困難。

拜倫患有先天性足部殘疾（許多人認為是畸形足），行走不便。拜倫的摯友特里勞尼（Edward Trelawny）如此描述他不自然的步態：「他用小跑步的方式進入房間，彷彿停不下腳步，接著試圖將他的腳往前擺放，同時身體向後以維持平衡。」這讓拜倫尷尬不已，想必暗自發誓不再讓任何人看見他殘疾的腿。他的情婦們表示，拜倫通常會在天亮之前悄悄離開。

這對他的創作究竟帶來多少影響？我們只能猜測。許多知名傑出人士一出生便患有所謂的畸形足（下肢肌腱萎縮，使腳掌向內側扭曲），包括古埃及法老希普塔（Siptah）、作家史考特爵士（Sir Walter Scott）、惡名昭彰的納粹擁護者戈培爾（Joseph Goebbels），以及喜劇演員摩爾（Dudley Moore）和足球運動員埃克曼（Troy Aikman）等。這些人的心情看似沒有因腳部的殘缺而受到太大影響，但對拜倫來說卻完全不是這麼一回事，這或許和畸形足的嚴重程度及個人脾氣有關。言詞犀利的當代散文家哈茲里特（William Hazlitt）殘酷地指出，拜倫的「畸形足……讓他的詩句帶著仇恨。」對此，拜倫似乎並沒有反對。他曾在未完成的半自傳劇本《變形轉化》（*The Deformed Transformed*）中描述一個駝背且「偶蹄」的主角，以及殘缺如何驅使他去創作：「寸步之間激起心中漣漪，欲達成眾人所不能。」

他口中的「偶蹄」是激發創作的象徵，也是他此生內心悲楚的源頭。友人布萊辛頓夫人（Lady Blessington）在記錄兩人對話的書中，描述拜倫就讀哈羅公學（Harrow School）時因跛腳受同學嘲笑，使他久久無法忘懷。更慘的是，拜倫曾提及他的母親或許不只一次叫他「小跛子」。他時常自稱是「跛腳的惡魔」，說自己就是無法「控制畸形激起的內心痛苦，每當內心感受到折磨，就會對這個世界充滿敵意。」

然而拜倫心中越是酸楚，我們越能享受到崇高的愉悅。在短暫的三十六年人生中，拜倫不僅寫出多首經典詩歌，包括《唐璜》（*Don Juan*）、《哈洛德朝聖之旅》（*Childe Harold's Pilgrimage*）、《希伯來樂曲》（*Hebrew Melodies*）等，他也是浪漫主義運動的重要推手，縱情於中古、歌德和前工業時代的黑色浪漫。拜倫在上議院聲援窮人，甚至為希臘披上自由的戰袍，起身對抗土耳其人（最終悲慘地歿於異地）。他單槍匹馬創造了一種充滿哲理的體裁，描述孤獨的個人與宇宙的對立，作為對浪漫主義情感的哲學詮釋。他忠於形式，充分地實踐了自己的悲劇哲學。

拜倫自身的衝突——品貌非凡卻又帶著祕而不宣的殘缺——使他成為新興浪漫運動的典型名流代言人（雖然那時代並沒有什麼代言費）。他是超級明星的真先驅，是創造並控制文壇公眾形象的第一人，而此形象甚至有個稱號：拜倫式英雄。他具備了他創造之物的所有元素：絕頂聰明、富裕、善變、尊貴、被祕密的悲劇所折磨，還擁有一張俊美的臉。同期詩人柯勒律治（Samuel Taylor Coleridge）曾描述拜倫的臉龐「如此俊美，我幾乎從未見過這樣的面容」，而且「眼睛就像陽光閃耀的大門，炯炯有神」。

拜倫清楚自己俊俏的臉龐可以發揮多大的影響力。他巧妙地控制了任何描繪他

拜倫的畸形足之謎

「侵蝕了拜倫的靈魂」的殘疾，聽起來似乎比畸形足嚴重多了。在十八世紀晚期，畸形足通常可以透過伸展佐以支架和石膏固定來獲得改善。為什麼拜倫沒有獲得適當的治療呢？

英國名醫丹尼斯．布朗（Denis Browne）於一九五九年研究拜倫的特製鞋和綁帶式小腿束褲，這兩樣東西都是由拜倫的出版商後代所持有。拜倫的腿相當纖細，他的小腿束褲卻異常地厚。對此，布朗醫生下了一個結論：拜倫並非畸形足，他的腿是因發育不良才導致足部與小腿的肌肉生長不足。換言之，除了肌腱之外，拜倫的足部與腿部也比一般人來的細小。拜倫的小腿或許「細得詭異」（醫生是這麼說的），所以才穿上厚厚的束褲，讓褲子看起來與常人無異。（根據某些人的說法，敏感的拜倫甚至在游泳時也穿著束褲。）至於他的足部，「這類發育不良的足部總是特別僵硬，腳踝的部位很不靈活，曾有觀察入微的人描述他走路的腳步像滑移一般。」

面容的藝術出版品。在沒有狗仔的年代，這並不是多困難的事。他指示出版商約翰．默里（John Murray）銷毀看起來不夠迷人的畫作和雕像，只允許印製他自己喜歡的肖像，更不用說那些特別委託繪製的俊俏畫像。最受注目的是湯瑪斯．菲利浦（Thomas Phillips）所畫的拜倫像，畫中的他身穿阿爾巴尼亞短裙和鵝絨背心，手上披掛著繡花斗篷——他某次在歐洲旅遊時買了一堆這種華麗的衣服——這些服裝讓拜倫看起來像個浪漫的土匪。並非真的土匪，而是好萊塢那種迷人的土匪。

和優秀的好萊塢明星一樣，拜倫不僅控制飲食，甚至使用瀉藥來控制體重（因為他是易胖體質，只好加倍努力）。他的女性粉絲數量龐大，身為一位俊俏惆悵的浪漫詩人，這是可以預期的。許多人熱衷於搜集他的簽名，渴望擁有他的一縷髮絲，最好是能和他偷偷來一場祕密約會。拜倫或許不會拒絕，他是典型的「壞男孩」——他的某個情人這麼說過：「他很壞、很瘋狂、很可怕，你不會想知道。」

拜倫習慣保留愛慕者寄給他的信。一位牛津歷史學家在二〇〇八年發表了一份關於粉絲信的研究，他認為拜倫和所有名人一樣，對於這些奉承樂在其中。書信上的文字不僅充滿性暗示，有時也具有詩意（理論上）。某位愛慕者在看著拜倫的畫像時身體不禁「打顫」，因此寫下了這些字句（雖然名不見經傳）：「為何，我胸口的興奮感增強？為了讚賞你的才智嗎？為何，當我閱覽時，我的胸口感覺得到？熱情的火。」

有些愛慕者試圖「治癒」拜倫受傷的心，將他視為「知心伴侶」。拜倫照單全收。回應愛慕者的舉動並非浪費時間，事實上，他們是最有效率且目標集中的大數據。藉由觀察他們，即可了解粉絲和讀者對他本人及作品的接受度。他也非常喜歡閱讀書評，當他不在國內時，還會要求出版商將那些評論寄給他看。他經常以冷漠的浪漫英雄自居，實際上他不僅收藏愛慕信（雖然寫信者通常要求閱後即焚，可能是擔心自己寫得太肉麻了），甚至會在作品中回應他們，寫出粉絲想要閱讀的內容。

拜倫雖與女性愛慕者幽會，他對男性的情感似乎更為強烈，尤其是青少年。當拜倫離世後，他的遺囑執行人和出版商決定合力隱瞞此事。舉個例子：拜倫寫給年輕希臘男孩的情詩，被認為是「純粹的詠諧詩作」。有些人懷疑，關於拜倫是個「玩弄女性的壞男孩」的傳言只是一種名人的形象包裝，而非出自個人的強烈慾望。（他喜歡將女伴裝扮成小侍童，顯然說明了某些事。）畢竟同性之間的性行為，在性壓抑的十九世紀英國是非法的。最後，由於某些過度「荒淫」的行為，他被迫離開英國。根據當時紀錄，這些行為是不道德的。（是的，記錄者絲毫不敢提及同性關係，所以只寫了這些就畫上句點。）

這就是拜倫浪漫英雄故事的黑暗面。對於自己的性向認同與糾結，以及永遠存在的殘足所帶來的「內心打擊」，使他很難發自內心快樂地做自己，或沉浸於自己的名聲與文學才智之中。他容易暴怒，縱情酒色，懊悔痛苦。現代心理學家將這些典型徵兆稱為「身體畸形恐懼症」，即對身體缺陷過度於耿耿於懷所產生的心理障礙。儘管如此，那些悔恨還是創造了世上最偉大的詩作——遺憾的是，對拜倫來說，這些永遠不夠。

拜倫是第一代德古拉伯爵？

那是一個夜黑風高的夜晚……或者好幾晚……

拜倫勛爵和他的新朋友詩人雪萊、雪萊的未婚妻瑪莉（Mary Wollstonecraft Godwin）與其繼妹克萊蒙（Claire Clairmont），以及拜倫的私人醫生波里杜利（John Polidori），一行人曾在拜倫於日內瓦湖畔承租的別墅度過了一個颳風下雨、異常昏暗且寒冷的六月。那段期間，他們幾個人之間圍繞著一種緊張的氛圍：波里杜利對瑪莉感興趣（瑪莉並未回應他），克萊蒙則對拜倫感興趣（拜倫雖有回應她，卻非真心），雪萊則是越發焦躁不安。拜倫提議大家來說鬼故事打發時間，因此接下來的幾個夜晚，他們輪番朗讀自己寫的鬼故事和詩。瑪莉在做了一場惡夢後，寫出一部不朽巨作《科學怪人》。拜倫介紹了他的恐怖故事〈殘篇〉（A Fragment），這是當代最早的吸血鬼故事原型。波里杜利受到拜倫作品的啟發，最後寫出一部關於吸血鬼的短篇小說《吸血鬼》（*The Vampyre*），故事的主角魯梵希爵士（Lord Ruthven）與拜倫本人有著鮮明相似處。一位具有貴族面容的浪漫吸血鬼自此問世。數年後，年輕的布拉姆．斯托克（Bram Stoker）受到啟發，融合了魯梵希爵士和羅馬尼亞統治者「穿刺者弗拉德」（Vlad the Impaler），在文學中創造出永生的德古拉伯爵。

哈莉特·塔布曼的大腦

對待奴隸的暴力行為終將瓦解蓄奴制度

❖時間：約西元一八二二至一九一三年

約莫一八三〇年代中期，青年女奴明蒂（Minty）拒絕協助監工追捕逃離農地的奴隸。怒火中燒的監工舉起了一塊鐵秤砣丟過去，重重打在明蒂的身上。她如此回憶：「那顆秤砣擊傷了我的頭蓋骨，它削去了我的一塊頭巾，擊中我的頭。我血流如注，幾乎昏厥。他們把我送進房間，那裡面沒有床也沒有地方可以躺下。他們將我放在織布機的座椅上，我就這樣待在那一整天，還有隔天……然後我又回去工作，血和汗順著我的臉流下來，直到我看不見。」

在南北戰爭前的美國南方，奴隸過著這樣的生活稀鬆平常。但明蒂的遭遇卻非比尋常——腦部損傷反而使這位年輕女孩日後成為我們熟知的傑出女性，「地下鐵路」

的策劃者哈莉特·塔布曼（Harriet Tubman）。

塔布曼的頭蓋骨遭秤砣砸碎，根據現代神經科學者的說法，頭骨碎裂傷帶給她情緒上的聯覺：「這是一種永久現象，首發的感知刺激或認知途徑將導致另一種感知刺激或認知途徑，此經驗是自發性且非自願的。」說得更白話一點，塔布曼開始產生幻聽和幻視，卻能同時保持理智。她因此更加堅信自己的信仰，也深信自己擁有超自然的能力，包含預見未來的能力——這讓她成為同胞口中的摩西。

塔布曼的腦傷經常使她頭痛欲裂、嗜睡、夢境猶如現實，更嚴重的是神經科學家所謂的「失神性癲癇」，此癲癇可能造成短暫持續的意識空缺。塔布曼對此則是輕描淡寫，她說她看見五顏六色的光環，聽見一些不具形體的聲音，她認為有些聲音來自上帝，認為這些都是宗教體驗。這些體驗伴隨著夢境，在她反覆承受疼痛時發揮了平衡作用。

在她的頭受傷前，她的生活和所有奴隸一樣悲慘。她在馬里蘭出生時名為阿拉明塔（Araminta "Minty" Ross），她的母親哈麗特（Harriet Green）是被奴役的廚子，父親阿班（Ben Ross）則是被奴役的木工。奴隸的孩子很小就得開始工作，年僅五歲的她受雇於夜間看顧嬰兒。為了確保嬰兒不哭鬧，她必須一直搖動搖籃，或將嬰兒抱在懷中。要是嬰兒哭了，女主人就會鞭打她，因此塔布曼學會多穿幾層衣服以減輕鞭打的刺痛。八歲時，她必須前往水深及腰之處收集誘捕籠裡的麝鼠，回家後繼續打掃工作。（她說她比較喜歡到戶外工作，原因只有一個，就是可以遠離家中嚴厲女主人的鞭打。）大約在她十二到十四歲時，頭顱擊傷的意外為她的生命帶來重大轉變。

時間很快來到了一八四九年，塔布曼已經二十多歲，主人的逝世迎來她人生的另一個巨變。在此之前，塔布曼已與自由民[1]約翰・塔布曼（John Tubman）結婚，並將名字改為哈麗特，但是她的奴隸身分並未改變。主人去世後，她很有可能會被轉賣到別處，被迫與丈夫、父母和手足分離。她也清楚，自己要是有了孩子，根據當時的法律，孩子將成為買主的資產。於是她下定決心，該是時候逃跑了。（她的丈夫則選擇留下。）

塔布曼是如此介紹「地下鐵路」：這是一個像家庭一樣的組織，為逃往北方、爭取自由的奴隸提供庇護。她逃到了相對安全的費城（事實上，奴隸獵人並不會放過非

1. 自由民（freeman）是指透過法律手段免除奴身分，不再是他人財產，擁有人身自由的人。

頭部受傷成為天才：後天學者症候群

部分神經科學家將塔布曼的腦傷影響稱為後天學者症候群；在這種情況下，腦部的外傷會誘發特殊才能。學者症候群本身非常罕見，只有百萬分之一的發生機率。突發性的後天學者症候群更是少之又少，目前有記載的案例約只有五十個，通常是由腦部外傷引起，同時也可能引發中風。威斯康辛州醫學會有一份完整的紀錄，一名十歲男孩被棒球擊中後失去意識，醒來後他的腦部發生變化，並且獲得了驚人的新天賦——他只需要幾秒鐘的時間，便能輕鬆迅速地演算曆法。只要給他一個日期，他就能立刻說出那天是星期幾，完全不需要查看日曆。

蓄奴州的自由黑人和逃脫奴隸），展開她的新事業——引導他人走向自由——而這一切都要感謝她的聯覺幻視。接下來的十年間，她多次密訪馬里蘭州和德拉瓦州，解放了許多人。有些消息來源說是三百人，有些則認為是七十人，沒有人知道確切的人數，因為她的人生早已被渲染成傳說和神話。但可以肯定的是，許多被奴役的人因塔布曼而重獲自由，包括她的父母和手足；其他人則遵循她指示的路徑逃往安全的庇護所，還有不少人受到她的鼓舞。

塔布曼將這些英勇事蹟歸功於她的幻視和夢境——正因如此，她才能每次都「知道」該借道何處或避開哪一條路，而且每次都管用。如她所述：「我當了八年的地下鐵路策劃人，我敢說我從未讓火車脫軌，也不曾遺失任何一位乘客。」

在美國內戰期間，這確實是一項了不起的事蹟。當時四處都是武裝的奴隸獵人，為了得到高額獎金四處捉拿逃脫的奴隸。後來她更利用她的天賦幫助北方聯軍，當起了間諜與偵查員，她強大的記憶力和地理知識讓軍官們驚訝不已。

戰後，塔布曼居住在紐約上州，和丈夫一起務農。她成為女權主義者的先驅，為貧窮的年長黑人設立庇護所。隨著年紀增長，她的身體越來越虛弱，然而根據她孫姪女的說法，她過世當天恢復了氣力。在幾乎不需要攙扶的情況下，她自己從床上起身，大快朵頤一番，在她最喜歡的房間四處散步，接著回到床上，就此長眠。不論這說法是否真實，但這就是她沒錯。她相信心靈的力量更勝過物質。不論任務有多艱難，她都會帶著必勝的決心完成任務。

「歷史」的來源：真實人生或是傳說？

塔布曼和許多代表性人物一樣，她的人生由神話與傳說堆疊而成，真實性也因此遭受質疑。研究非裔美人的教授暨傳記作者米爾頓．塞內特（Milton Sernett）稱她為「美國最具可塑性的代表人物」，因為關於她的故事經常被有心人士加以改寫。例如二〇〇八年民主黨總統預選，一名作家譴責支持歐巴馬而非柯林頓的女性時，引用了塔布曼的話：「我本可以拯救數千人——要是我能說服他們是奴隸就好了。」很不錯的臺詞，不過塔布曼從未這麼說過。塞內特認為這句話是出自虛構的傳記。

事實上，不識字的塔布曼從未寫過自傳。關於她的故事都是經由他人之手，他們有意無意帶著個人偏見書寫她的人生，就算到了現代亦是如此。以一八八六年出版的《哈莉特·塔布曼：族人的摩西》（*Harriet Tubman: The Moses of Her People*）為例，作者莎拉·布拉德福（Sarah Bradford）記錄了塔布曼告訴她的故事。然而身為白人的布拉德福顯然審查過這些回憶，特別是（最權威的）最後一版。根據珍·修莫茲（Jean Humez）教授的論文，布拉德福刪去了塔布曼取笑她主人的那段故事：她哼唱著「我將前往應許之地」等歌曲，深信他們不懂歌曲背後蘊含了她即將逃跑的寓意。布拉德福的審查或許是出於善意，她努力在那個種族主義復興的時代脈絡下爭取白人讀者，但也因此，她並未將完整的塔布曼呈現給世人。布拉德福也在最終版刪除了這幾句話：「我有聽過《湯姆叔叔的小屋》（*Uncle Tom's Cabin*），但是我告訴你，史杜威夫人的筆尚未描繪出實際的蓄奴情況，就像我在南方所見到的那樣。」

貝爾家族的耳朵

電話發明者的執念對世界帶來的影響

✣時間：西元一八四七至一九二二年

這則故事談論的是耳朵，歷史上的耳朵——發明家貝爾（Alexander Graham Bell）和他的父親、曾祖父、母親、妻子等人的耳朵，以及任何一個曾經完整連結在死人身上的耳朵——這一切都和一項重要的聽覺（與說話）發明有關，這個發明就是電話。

我們從祖父亞歷山大·貝爾（Alexander Bell）的耳朵開始談起。你可以說聆聽聲音（接著重現聲音）是貝爾家族的事業。貝爾祖父是語音學和發聲法的先驅，他對說話十分感興趣。他認為「或許，這是神在創造人類時所給予的最高天賦」，雖然其他人並不同意他的說法。

貝爾祖父將他對人類聲音的迷戀傳給了他的兒子梅爾維爾（Alexander Melville Bell）。梅爾維爾是愛丁堡與倫敦大學的傑出演說專家，他開發出一套可視語言（Visible Speech），一種透過抄寫重現發音方法的符號系統，精確地指出了喉嚨、舌頭與嘴唇在發聲時的正確位置。這套系統是為了希望能說話的失聰者所發明的，因為他們無法聽見自己發出的聲音。

直至今日，貝爾的可視語言仍是爭論焦點：我們要教導失聰孩童開口說話，或使用手語，還是兩者兼之呢？十九世紀早期的美國聾啞教育傾向於強調手語。一八一七年，美國聾啞人士學校的前身在康乃狄克州的西哈特福德（West Hartford）成立，美國手語（ASL）應運而生。然而到了十九世紀中期，社會情勢有了改變，認為聽損人士應加強學習說話而非手語的聲浪日益高漲。貝爾家族在這場口說與手勢的激烈辯論中位居要角——家族中的一人將發明跨時代的說話機器，也就是電話。

一八四四年，梅爾維爾與愛麗莎．西蒙茲（Eliza Symonds）結婚，不久後就生下我們的主角亞歷山大．格拉漢姆．貝爾（就是發明電話的那位貝爾）。母親對兒子的影響通常直接且深遠——她患有重度聽力障礙，在助聽筒有限的幫助下也只能聽見部分聲音，於是貝爾從小成為母親測試聽力的對象。他尋找各種方式來幫助母親更清楚地聽見聲音：他會在彈奏鋼琴時，要求母親按壓一耳並貼近鋼琴，傾聽琴聲；他會對著母親的前額說話，將她的頭骨當作回音室。顯然，貝爾從很小就開始進行聲音與聽力的研究。

父親梅爾維爾堅持推廣貝氏可視語言，從英格蘭推廣到北美，並且帶著家人一起移居到美國。長大成人的貝爾憑藉己力成為一名演說專家，顯然，在幫助聽損人士的立場上，父子兩人皆贊成說話溝通比使用手語更重要。

然而，關於聽損人士應該如何溝通，這其中的爭論並非全然都是出於善意的。美國當時正經歷空前移民潮，大量湧入的移民多來自非英語地區，這讓不少人開始關注美國社會的同化與融合問題。對他們來說，手語並不算是英語，因為它必須藉由手勢來傳遞——那是「非美國」的語言，所以必須捨去。雖然聽損人士仍舊喜歡使用美國手語，但那陣子懂得手語的人確實越來越少。爭議有時會激發辛辣的言論，在這場爭辯中，則是有人將優生學汙名化，憂心聽損可能會遺傳，憂心聽損人士會生育出更多聽力受損的下一代。反對手語的想法非常明確（也很醜陋），即人們所談論的「優越」。

貝爾透過行動實踐他的理念，在波士頓開課教導聽損人士發聲的方法，同時特別

究竟是誰發明電話？

當然是安東尼奧・穆齊（Antonio Meucci）——至少從義大利政府明確授予的官方頭銜來看，他就是「電話的正式發明者」。

穆齊於一八三四年為當時工作的劇場發明了傳聲電話（類似船上的通話管），移居紐約後開始產生藉由電流變化重建聲音的構想，並著手進行研究。穆齊在一八七一年提出「專利預告」（類似申請專利的計畫書），但或許是資金考量的關係，他沒有再更進一步的行動。雖然他宣稱自己早在一八六一年於紐約的義大利報紙《義大利之聲》（*Eco d'Italia*）刊登過他的發明，但令人沮喪的是，那些報紙都已經被銷毀或遺失了，一張不剩。

貝爾成功申請專利之後，穆齊控告貝爾的公司，官司一直打到最高法院，最後還是被駁回。穆齊並不是唯一提出訴訟的人。在電話剛發明的那幾年，貝爾經常要面對堆積如山的訴訟。這說明了事情的發展經常是這樣，當時機對了，許多人就會不約而同冒出類似的想法。

輔導一位家境富裕的失聰學生梅貝兒・哈伯德（Mabel Hubbard）。梅貝兒的父親因此成為第一所推廣聾人口語教育學校的資助者。梅貝兒在五歲時患上猩紅熱，導致她完全失聰，不過透過後天的努力學習，她不僅能讀懂唇語，還學會說英語和其他數種語言。貝爾對這位充滿自信且聰穎的年經女子一見鍾情。雖然梅貝兒認為貝爾人很有趣，但「他有一頂亮得嚇人的（帽子）——看起來時髦又昂貴——讓他烏黑的頭髮看起來更有光澤。不管怎麼說，我不認為他算得上一位紳士。」儘管如此，兩人還是結婚了，而且梅貝兒為貝爾的電話事業發展帶來極大的貢獻。

貝爾利用教學以外的時間來進行他的「副業」。他早期的聲音研究著重在「聲波自動記錄器」（phonautograph），這個機器透過電脈衝將聲音轉為眼睛可見的刻痕。貝爾以此原理為基礎，製造了一個獨特且頗為驚人的「死人耳朵留聲機」——這個機器真的用了死人的耳朵（和一部分的頭顱）。他將記錄觸針連接在耳朵上，當耳骨接收到聲音並隨之振動，觸針（一小支麥稈）就會在鍍膜的玻璃板上描繪出振動模式。貝爾最初的想法可能和你預期的不同——他心裡想的是那些失聰的人，而非能聽見聲音的人。他希望能創造一部機器來幫助失聰人士，將話語可視化。

貝爾了解到：「如果我們能夠利用電流強度的變化，複製聲音在空氣中振動的方式，就有可能透過電流傳輸任何一種聲音。」這種電流版的貝氏可視語言，實際上是利用電流而非人的嘴巴，藉著空氣而不是玻璃板再現聲音的振動模式，傳進聽者（聽得見）的耳朵裡。

貝爾顯然很清楚自己在做什麼和要做什麼。他於一八七六年為他的「電流語音機器」申請專利，還好該機器沒有使用死人的耳朵，並且很快有了一個更加好聽的名字——電話。貝爾在電話中（對他的助手）說出的第一句可辨識句子，雖不是什麼了不起的內容（「華生先生，請到這裡來，我要見你」），至少終於成功了。一段時間後，貝爾成功撥出一通長途電話——距離長達六公里。

梅貝兒對這項發明也有重要貢獻。貝爾原本不願在一八七六年舉辦的費城博覽會上展示他的電話，理由是他有太多演說課的作業要批改。梅貝兒卻堅持他必須參展，幫他打包行李還送他到火車站。當他抗議時，梅貝兒直接轉身無視。她的失聰再一次為遠距聽力的發明帶來貢獻。她只要看不到嘴唇，讀不到唇語，就能對貝爾的抗議充耳不聞。貝爾只好乖乖按照她的意思去參展。

接下來的事情大家都知道了：貝爾贏得金牌，贏得國際聲望，和投資者（當然包括梅貝兒的有錢父親）一起建立貝爾電信公司。梅貝兒也在貝爾身後默默協助公司事務，在艱難的創業初期給予支持。商人當然都知道，電報是當時唯一務實的遠距溝通方法，貝爾則必須想辦法說服有遠見的商人，讓他們看見電話的未來發展潛力。

貝爾持續研究聲音，他發明了聽力檢測儀，找到了世界上第一個測量聽力的方法。他以自己的姓氏創造「分貝」一詞，作為測量聲音的單位。他更發明了一種將光束轉換成聲音的方式——光聲機。這項實驗成功後，他在給父親的信中寫道：「我聽見了一束光。」這句話預示了未來無線電話和光纖的問世。

貝爾與優生學：手語、失聰與遺傳

十九世紀末至二十世紀初，各式各樣的優生學運動帶來了許多決定性的影響，人種的選育被大力宣揚，貝爾也是這些危險思想的狂熱支持者。依他所言，他希望「美國能進化出更高貴的人，國家才不致退化。」同時他也擔心「不良的人種分子」進入美國，因此提倡移民管制。不幸的是，支持這些觀點的遠不只他一人。這後來也影響了他對於失聰的想法。貝爾在一八八四年寫下的〈聾人品種的形成〉（Upon the Formation of a Deaf Variety of the Human Race）文章中，建議透過禁止手語來禁止失聰者的排他性，阻止失聰者彼此通婚。他堅定地倡導教育失聰者說話及讀唇語，透過這種方式讓失聰者融入社會與主流教育。想當然耳，擁護手語的一方對此提出激烈辯駁。

一直到今天，口語和手語之間依然存在不同形式的爭辯。擁護手語的人主張，早期習得的語言技巧對於認知發展至關重要。手語對年幼失聰的孩童來說是最自然的開始——口語只適合輕度或中度聽障的人士。支持口語的人則認為，仰賴手語將導致失聰者被隔絕於社會之外。

德皇威廉二世的手臂

從臀位分娩到世界大戰

✥時間：西元一八五九至一九四一年

我們可以將第一次世界大戰歸咎於一個人的手臂嗎？可能，或許，部分原因是吧。

這隻萎縮的手臂是德皇威廉二世（Wilhelm II）最大的痛苦。為了彌補這個缺陷，威廉二世為自己營造出男子漢的形象（有彌補過度之嫌）。他追求各種充滿男子氣概的活動，例如馬術和從軍。問題是，雖然他很努力嘗試，但他終究不適合從軍。德國參謀部曾嘲諷他，連「帶領三個士兵越過水溝」都做不到。然而威廉二世確實成功帶領（或助攻）歐洲進入第一次世界大戰這個大水溝。

威廉二世的運氣不太好，出生時遇上「臀位分娩」，從屁股先出來而非頭部。用這種上下顛倒的方式降臨於世，似乎象徵了他的未來。在未來來臨之前，一切看起來很順利，至少他的王室父母期盼他能在歐洲的和平友善氛圍中成長。威廉二世是德國王儲斐特烈・威廉（斐特烈三世）和維多利亞（英國維多利亞女王的長女）的繼承人。這樁德英聯姻象徵了兩邊王室的願望：具有普魯士風格的德意志軍國主義宣告終結，開啟英國式自由開放的新興德意志。他們兩人的兒子代表了歐洲兩大政權的結合，結果卻反其道而行。

有趣的是，要不是威廉二世身分這麼崇高，可能還不會發生這種結果。根據部分人士說法，為他母親接生的婦產科醫師被命令絕對不能露出她的「私密部位」，他們必須埋頭在公主寬鬆的裙底下進行接生，這使得事情變得有點複雜。更糟的是，維多利亞女王堅持她的英國醫生必須和德國醫生一起陪同公主分娩。但詹姆斯爵士（Sir James Clark）是資深氣候與健康專家，不是婦產科專家。（據說他能力極差，曾將未婚的海斯汀夫人〔Lady Flora Hastings〕腹部腫瘤診斷成懷孕。）

威廉二世出生時因缺氧而全身發黑，他的左手臂萎縮且纏繞頸部。裙下進行的產鉗接生可能是造成他肩膀神經受傷的原因，這種所謂的臂叢神經損傷（brachial plexus injury）引發了歐勃氏麻痺（Erb's Palsy）。近期有另一個說法，認為威廉二世的缺陷係因胎兒在子宮內生長受限，醫生們必須大力搓揉這個未來將成為德皇的新生兒，讓他能夠順利呼吸，反而使他的大腦受到損傷。儘管威廉二世很聰明，個性卻很難搞。他容易發怒，會咬看護，並堅持己見。不論出生時有多艱難，威廉二世深信「一個英國醫生弄殘了我的手臂。」因此他不僅對他的手臂感到憤怒和各種複雜的情緒，並將同樣的憤怒投射在所有關於英國的事物上。

威廉二世的父母一直都想要一個「完美的」皇子，所以不論他喜不喜歡，他們都要打造出一個來。對皇室而言，這是個新的世代。整個歐洲的皇室年輕成員所接受的教育，皆立基於開放、有紀律、「科學」的中產階級價值。歐洲皇室和歐洲的未來看似一片光明——只要國族主義的情緒和戰爭能被擱置一旁的話。科學醫學方興未艾，雖然偶爾會走錯方向：英國維多利亞女王讓她的小孩接受一位頂尖骨相專家（一位「科學的」頭骨看相者）的診斷。這位專家將女王的兒子，同時也是未來的國王愛德華七世的腦袋診斷為「軟弱且不正常」。不怎麼喜愛這個孩子的維多利亞女王也表示同意，認為他有一顆「又小又空的腦袋」。

威廉二世必須接受「科學的」治療方法來強化手臂，這些方法恐怕連聖人聽了都為之驚恐，或許在某方面也造就了他好戰的精神。當威廉二世還在蹣跚學步時，醫生每天都用相當強的電流來刺激他的手臂。接著他們又把他「完好的」右手臂綁在身側，逼他使用萎縮的左臂，如此走起路來難以平衡，最終導致膝關節脫位。四歲時，威廉被綑綁在一部裝有金屬桿子的特殊機器上，用來拉直他的背，還有一根螺絲用來調整他頭部的位置。更糟的是，威廉二世每兩星期就得接受一次媲美B級魔怪片的駭人治療法：將手臂放進剛被殺死的兔子身體裡半個小時，（理論上可以）吸收死去動物的精力。

當然，這些方法並沒有奏效。他的父母企圖灌輸他「正確的」英國式開放價值觀，同樣沒有成功。但是為了德意志的未來，他們繼續嘗試，或許嘗試得過分努力了。在威廉二世青少年時期，德意志總理俾斯麥（Otto von Bismarck）成功整合普魯士名下的大部分德意志屬地，大多是透過軍事手段完成整合，包括一八七〇年速戰速決的普法戰爭——到了這時，即便是已經打贏的俾斯麥（以及威廉二世的父母）也覺得該停止了。

威廉二世的父母希望由他來阻止一切。如果他們無法擁有一個體態完美的孩子，看在上帝的份上，只少他們可以得到一個完美的自由主義知識分子。然而威廉二世從小被迫接受一點也不自由的自由主義教育，在文獻學者辛茲彼德（George Ernst

未來的凶兆預言

戰後，精神病學執業醫師最重要的工作，就是將威廉二世診斷為發瘋或精神錯亂的好戰者。一九二七年，醫生作家恩斯特．穆勒（Ernst Müller）針對威廉二世展開一項重要的研究，他的結論指出威廉二世是「出身高貴的墮落者……（患有）心理病態和精神衰弱」，因此不是那種可以贏得戰爭的領導人。然而穆勒宣稱有辦法解決這個問題：德國需要冷酷無情、獨裁傾向的非貴族統治者，「金髮、藍眼、頭小、天資聰穎、高尚情操、體態精實、自信自律且姿態優雅」。不幸的是，幾年後，穆勒的願望成真了，雖然希特勒的奇特長相完全不符合這種出於種族理想的雅利安人相貌就是了。

Hinzpeter）的教導下，他每週要上六天課，每天從早上六點到下午六點，整整十二個小時。威廉二世曾將他的老師稱為怪物。

他不僅沒有成為英國式的開放自由主義者，跟父母之間的關係顯然也有些問題。例如，威廉二世對他母親的手懷有一種奇怪的（甚至令人反感的）迷戀，還會寫一些內容超越兒子對母親愛慕情感的書信。然而他的母親讀完後只是順便訂正了文法錯誤，以此冷漠的方式作為回應。想必，這位在面對逆境依然能夠保持冷靜的英國母親，未能如願改變威廉二世對待英國事務的態度。

當威廉二世進入波昂大學時，已是一位成熟的德意志軍國主義者。他放棄便服，穿著軍服（前前後後訂做了一百二十多套），調高了衣服口袋的位置，以便掩藏他短小的左手臂。在所有照片中，身著軍服的威廉二世通常會把戴著手套的左手臂撐在一把劍上，試圖掩藏手臂長短不一的事實（他甚至銷毀了所有明顯照出他手臂的照片）。經過反覆訓練，他成為一位優秀的騎師，並熱衷於校外的軍事服務，最終培養出嚴苛的軍人形象，讓他能輕易對周遭的人厲聲下達指令和想法。不過根據軍中副官的說法，威廉二世缺少了一項重要的軍人特質：自律。

除了機智，威廉二世在繼承王位時還缺少了一些皇室應有的品德。他經常騷擾他在英國的表親，還曾經在倫敦怒氣沖沖地說：「你們英國人都瘋了，瘋了，和三月兔一樣瘋了。」英國上議院的索爾斯伯利侯爵（Lord Salisbury）曾用英國式的輕描淡寫，說他「不是那麼正常」。威廉二世不論走到哪裡都想挑戰英國，不論是海上軍力，或用殖民地數量來一決高下。他更發下狂語：「就算是世界上最深、最偏遠的叢林，所有人都必須聽見德意志皇帝的聲音。沒有他下達的指令，世上就不會發生任何事情。」

歐洲人確實聽見了他的聲音……只是他從沒說過什麼好話。總是心懷怨恨的威廉二世有一項特別的天賦，那就是羞辱其他歐洲領導人，尤其是針對對方的身材特徵進行羞辱。他曾公開用「侏儒」二字稱呼身形矮小的義大利國王，用粗魯的字眼批評保加利亞沙皇的鼻子，放話說他是個陰陽人，此外還稱俄羅斯沙皇尼古拉斯為「傻子」。他顯然無法達成父母的期望，他不是當和平使者的料。

更糟的是，他趕上了當時瘋狂的結盟潮，使德意志捲入歐洲各國同盟與對立的複雜網絡之中，最終引發第一次世界大戰。理論上，同盟的目的是為了安全：如果奧匈帝國和更強大的德意志結盟，有誰敢和他們打仗呢？我們已經知道結果：在奧匈帝國的斐迪南大公被暗殺後，歐洲的每一個國家都實際行動了。就像許多恃強凌弱的惡霸，好戰的威廉二世不願簽屬宣戰文件，儘管開戰已是無可避免。除了（用他沒萎縮的手臂）授予勳章，他並沒有真正上過戰場。戰敗後，他便退位流亡到荷蘭去了。

威廉二世的痛苦和他如此好戰的根源——神經損傷導致手臂肌肉萎縮——在他一手促成的戰爭中發明出更多完善的治療方法。一次大戰在士兵身上留下的傷害，有將近百分之二屬於周圍神經損傷，促使醫學界大舉研究新的治療方式。諷刺的是，這對威廉二世和這個世界來說都為時已晚。

德國皇帝與愛因斯坦的關聯

威廉二世至少有一項正面的貢獻，那就是愛好科學。他在位時成立了德皇威廉二世物理研究所（Kaiser-Wilhelm-Institut für Physik），為馬克思普朗研究所（Max-Planck-Institut für Physik）的前身，專門研究高能物理學和粒子天文物理學。第一任所長誰是呢？正是當時尚未出名的年輕物理學家愛因斯坦。

瑪麗．馬隆的膽囊

水蜜桃冰淇淋和流行傳染病的追蹤與隔離

❖時間：西元一八六九至一九三八年

膽囊這個可憐的器官，在歷史上並沒有獲得太多關注。為什麼呢？基本上，它就是個藏在肝臟下方的無害小囊袋，儲存幫助消化脂肪的綠色膽汁。它並不特別重要，就算把它摘除，你應該還是可以活得好好的。事實上，醫生們確實想摘除瑪麗．馬隆（Mary Mallon）的膽囊。這麼說或許有點不公平，但大家一定都聽過她的另一個名字，那就是傷寒瑪麗。

瑪麗與她聲名狼藉的膽囊（傷寒病菌偷偷潛伏其中）標誌了現代流行病學的重要開端，即研究疾病爆發的科學。瑪麗是第一個得到科學鑑定與研究的無症狀傷寒帶原者——事實上是所有疾病的第一人。她的遭遇提出了我們今天仍面臨的重要問題：當我們面對那些無症狀帶原者時，該如何有效控制具感染力的疾病？如何在個人和群體權益之間取得平衡？這些都是好問題，而且很有爭議空間。

瑪麗在一八六九年出生於愛爾蘭，十五歲時移民美國，以幫傭維生，一開始是女僕，之後轉做廚子。她以優秀的烹飪技巧聞名，一個月能賺到四十五美元的工資，在當時算是不錯的報酬。一九〇六年八月四日，瑪麗坐上前往紐約長島蠔灣（Oyster Bay）的火車，要去銀行家查爾斯．亨利．華倫（Charles Henry Warren）租下的避暑別墅擔任廚工。事件就是在那裡爆發的。

八月二十四日，華倫的女兒出現發燒和痙攣症狀，隨後被診斷為駭人的傷寒。在抗生素尚未發明的年代，染上傷寒的人約有一成的機率喪命。很快地，華倫的妻子也染病，接著是一位園丁、兩位女僕，以及華倫的另一個女兒。截至九月三日，別墅裡的十一人中共有六人染病。瑪麗在疾病爆發三週之後不告而別，隻身離開了別墅。

除了華倫一家，別墅的主人也感到十分憂心——傷寒通常與淫穢骯髒的貧民窟聯想在一起，不會和花大錢住豪華別墅的有錢人扯上關係。他們迅速雇用衛生工程師喬治．索珀（George Soper）對此進行調查。他發現別墅本身和蠔灣的環境並沒有問題，倒是瑪麗有點可疑。當她從一個工作換到另一個工作，傷寒也如影隨形，卻沒有

那顆膽囊究竟怎麼了？

本質猶如天然洗滌劑的膽汁為何無法殺死傷寒病菌？長久以來，科學家對於這個問題感到相當困惑。俄亥俄州立大學的約翰·岡恩（John Gunn）醫師給出了答案。

人一旦感染傷寒，部分病原菌有時能躲過免疫系統的監控，附著在膽囊裡的結石上，並且開始形成堅硬的菌膜。當自由漂浮的微生物與表面接觸並形成黏著、濃密且堅硬的網狀物，因此產生菌膜。一旦它們附著於某處並開始堆積、再生，就會變得非常難以根除——就像牙菌斑一樣。最後，免疫系統會放棄徹底清除它們。傷寒沙門氏菌因此得以存留在膽囊裡，不時混入膽汁中，繼續感染他人。

發生在一般認為最可能染病的人身上，反倒是富裕的紐約客染病。

索珀的做法是控制傳染病疾的早期重要範例，也就是我們所謂的「接觸者追蹤管理」。索珀說道：「瑪麗．馬隆的命運打破了傷寒傳染的迷思，使焦點轉移至人而非疾病本身。疾病發生時，人的因素通常能提供更合理的解釋。」

世人對於傷寒這類傳染病控制方式的認知產生了巨大轉變，整個世界也進入改變的陣痛期。傷寒、霍亂、小兒麻痺和黃熱病仍週期性地流行，城市人口因此銳減。為了對抗傳染病，複雜的公共衛生計畫應運而生。新措施的重點仍是改善髒亂環境——清理垃圾、安裝下水道系統、使用過濾水等。環境衛生的改善明顯減少了疾病的發生率，濾水器的使用更大大降低了傷寒爆發的次數，到了一九一三年已降低了一半以上（儘管通常需要多爆發幾次，才更能有效說服吝嗇的城市領導者採取必要措施）。但是光維持整潔還是不夠，像蠔灣這類高級地區還是有零星的傳染病爆發。

像瑪麗這種無症狀帶原者，不論行走、聊天或做飯時看起來都相當健康，卻能四處散播病菌。當時的科學家對這種沉默的帶原者並非完全沒有概念，但沒有太多人重視這一點。然而時代正在改變，細菌理論也逐漸取代粗淺的「髒亂概念」，成為傳染病防治的主流意識。早在一八八〇年代，科學家便已知傷寒的致病原來自惱人的傷寒沙門氏菌。所以，即使無症狀，至少他們能利用顯微鏡檢測糞便來明確找出帶原者。

當索珀追蹤瑪麗的行跡，發現她在紐約公園大道的一處豪宅擔任廚子，而屋主的女兒與女僕都相繼染病，他決定對瑪麗採取行動。索珀或許不擅長與人打交道，儘管他自認已經「盡可能地表達友好」，但不管怎麼說，我們都不會大喇喇地走向不認識的女性，直接向她索取糞便。對此，瑪麗的反應……有點消極。更精確地說，索珀是這樣描述的：「她抓起一把切肉叉朝我逼近……我很幸運地躲過了。」

索珀向紐約市保健部門的官員求助，最後在五名便衣警察的幫助下，才將拳打腳踢、厲聲嘶吼的瑪麗架出屋外。她堅持自己從未染上傷寒，但強迫採檢的糞便證實了她已染病。瑪麗確實是這種駭人疾病的帶原者。

雖非出於自願，瑪麗還是為流行疾病的新科學觀念帶來另一個貢獻：她已證實無症狀者可散播病菌。那接下來該如何處置無症狀帶原者呢？紐約公眾保健部門強烈建議應該強制隔離，於是瑪麗被安置在東河島上一所河畔醫院附近的「隔離小屋」。不論她如何否認自己是帶原者，還是只能待在小屋中，禁止與他人接觸。（據說她拿男朋友的糞便偷偷替換檢體，想「證明」自己體內沒有病菌——畢竟，男朋友還能用來幹嘛呢？）

這麼做是在懲罰她嗎？紐約保健部門的回答是否定的，因為傳染病源必須被控制。然而病後痊癒的傷寒患者之中，有百分之三被發現是無症狀的疾病帶原者，他們都必須永遠隔離嗎？這麼做是行不通的。一九一〇年，保健部門的新任長官決定釋放瑪麗，只要她承諾不再待在廚房工作。可是她並沒有接受市府安排的新工作，之後便消聲匿跡。當索珀與紐約知名醫師莎拉・約瑟芬・貝克（Sara Josephine Baker）終於找到瑪麗，發現她換了個名字，在紐約斯隆婦產科醫院（Sloane Maternity Hospital）做廚子。她在醫院工作的三個月內，有二十五人染上傷寒，其中兩人喪命。根據《腸胃病學年鑑》（*Annals of Gastroenterology*）其中一篇研究，這座城市可能有超過三千人因為她而感染了傷寒。瑪麗又被送進隔離小屋。

現在該怎麼辦呢？許多人提出方法試圖解決瑪麗的問題，其中包括聲稱有效的治療性藥物烏洛托品（聽起來很像某種聲稱可以治療二〇二〇年某個疾病的藥物，但卻沒有任何效果）。醫生建議將她的膽囊摘除，因為無症狀者的膽囊是傷寒病菌偏好的藏匿處。帶菌的膽汁進到了腸道，導致糞便中帶著細菌，然後再經由手接觸到食物。在華倫一家的案例中，索珀懷疑瑪麗的招牌甜點水蜜桃丁冰淇淋是主要的禍源。高溫烹煮能殺死病菌，然而水蜜桃未經烹煮，不幸的是瑪麗似乎也沒有把手洗乾淨。

傷寒、牙齒與古希臘的衰敗

西元前四三〇年，希臘歷史學家修斯底德（Thucydides）描述一場恐怖的「瘟疫」曾肆虐雅典，殺死了三分之一的市民，加速了古希臘文明的終結。修斯底德（自己也曾染病）所描述的症狀相當駭人：不退的高燒讓患者想脫光衣服，避免衣物觸碰到皮膚，還有無法紓解的口乾舌燥、嚴重嘔吐、躁動不安，以致無法入眠。許多患者在染病兩週內死亡，其中包括偉大的政治家伯里克里斯（Pericles）。

這究竟是什麼疾病？伊波拉？還是腺鼠疫？幾世紀來，歷史學家提出各種猜測，卻無人可以證明。一九九五年，考古學家在雅典的凱拉米克斯（Kerameikos）發現佔地廣大的古墓遺跡，挖出了一百五十具以上的遺骸，都是兩千多年前那場瘟疫的受難者。科學家取下遺骸的牙齒，從中抽取出牙髓。在進步的 DNA 技術幫助下，他們終於得到解答。有猜到嗎？正是傷寒沒錯。科學家在遺骸中發現了腸道沙門氏菌的基因序列，顯示古希臘黃金時代是因傷寒而告一段落。

瑪麗強烈反對自己的膽囊被摘除。在沒有抗生素，而且侵入性手術死亡率居高不下的年代，瑪麗的反對相當合理。然而瑪麗的堅持無法使她擺脫困境，只能在隔離小屋中度過餘生。她將自己的處境歸咎在有錢人身上：「他們想做秀，他們保護那些有錢人並且得到讚許，而我是他們的受害者。」

公平而論，他們都必須面對這個棘手的問題。當科學家著手研究全國的無症狀帶原者，他們才意識到這個問題的嚴重性：全國可能存在數以千計的傷寒無症狀帶原者（而且預估每年將會新增一千三百人）。更糟的是，可能還有成千上萬個白喉及其他傳染病的無症狀帶原者，他們不可能將所有人都強制隔離。

感謝疫苗和抗生素問世，傷寒已不再是棘手的致命傳染病，不過瑪麗．馬隆也早已去世。然而科學家還是沒法就此安心，因為總是會出現更多沒見過的傳染疾病……

列寧的皮膚

論外貌在非宗教國家的準宗教崇拜之重要性

✣時間：西元一八七〇至一九二四年

在一九三八年十一月的某個冬日，正值蘇聯共產黨大清洗時期。數十萬公民受到迫害。蘇聯獨裁者約瑟夫・史達林（Joseph Stalin）和政治局官員拜訪了位於紅場的列寧墓。

此地保存了蘇聯創建者弗拉迪米爾・列寧（Vladimir Lenin）的遺體，永久存放在水晶棺裡供眾人瞻仰。四位維護列寧遺體的官方陵墓科學家與工作人員，緊張地看著史達林與政治局官員審視列寧浸泡著防腐劑的皮膚。比史達林簽下更多「槍決名單」的蘇聯部長會議主席維亞切斯拉夫・莫洛托夫（Vyacheslav Molotov）咕噥地說了句令人不寒而顫的話：「改變好多。」

慘了……他們失敗了嗎？列寧看起來……像個死人嗎？

在史達林統治下的俄羅斯，失敗，或是被認為失敗，都是不能接受的。亞歷山大·索忍尼辛（Aleksandr Solzhenitsyn）在《古拉格群島》（*The Gulag Archipelago*）中描述一場向史達林致敬的演講，人們不敢停止拍手，因為害怕被認為是反史達林者。於是他們一直拍手，直到最後有一位勇敢的人——或氣力耗盡的人——停下來。因為無法延續對史達林的熱忱，他被控進行反蘇聯的活動而遭逮捕。然而在列寧墓中，失敗顯而易見。馬克思主義者的發霉皮膚可能代表流放西伯利亞或更糟的懲罰。

維持列寧的皮膚並不是件容易的事。科學家必須對抗「斑馬紋」真菌（皮膚長出斑紋、丘疹或斑點），以及因皮下脂肪乾掉而凹陷的皮膚組織。他們定期將凡士林、蠟、石蠟和明膠注入列寧的臉部，讓它澎脹；他們將防腐劑注入肌肉組織，將雙手和臉浸於福馬林中；他們將列寧的身體套上橡膠裝（外面再穿上傳統西裝），讓身體常置於防腐劑中，並且將「香脂」（甘油和乙酸鉀溶液）直接塗在列寧的皮膚上按摩。自從列寧過世後，史達林決定將自己（象徵性地）與過世的領導人連結，以鞏固政治地位，便命人持續進行這樣的例行公事長達十四年。

列寧臨死前寫下遺囑，建議解除史達林中央委員會總書記的職務，並呼籲改為集

史達林死後的美化與防腐

史達林的遺體防腐員要處理的問題，跟處理列寧的遺體不同——他們必須讓史達林看起來不像他生前的樣子。史達林曾經嚴重感染天花，臉部的皮膚因此留下明顯的坑疤，膚色也斑駁不均。他很矮（美國總統杜魯門〔Harry Truman〕稱他為「小毛頭」），左手臂萎縮，謠傳他的雙腳各有六根腳趾。經過美化的史達林官方肖像總是展現出高大、英俊的模樣。史達林防腐團隊的其中一位成員在接受電視訪問時提到，他主要的任務「是讓史達林的遺體與肖像上的他盡可能地相似，人們看到本尊時才不會過於驚訝。」

但長期看來，這麼做並沒有太大意義。史達林的遺體供眾人瞻仰的時間，只有從一九五三年到一九六一年為止。當時新任的部長會議主席尼基塔．赫魯雪夫（Nikita Khrushchev）命人將史達林的遺體搬離列寧身邊，埋在距離蘇聯小官員墳墓區不到一公里的地方，想來實在不怎麼光彩。

體領導制，然而遺囑內容被史達林等繼任者壓了下來。史達林透過公開審訊與處決，除掉後列寧時代集體領導的其他成員。他藉由美化照片與委託繪製新英雄式肖像，強調自己在早期布爾什維克共產主義扮演（偽造）的重要角色，進而讓自己與受人崇敬的已逝領導產生連結，在民眾心中留下此印象。據說瀕死的列寧想要長眠於母親墓側，但即將成為獨裁者的史達林不同意。塑造「列寧崇拜」能協助證明自己的統治正當性，他必須讓列寧重生，讓崇拜延續。這引發了一個罕見的政治問題：如何讓已逝領導人的皮膚容光煥發？

蘇聯醫師和科學家起初計畫冷凍列寧的遺體，但是在超級冰櫃完成之前，身體已經開始腐敗。他們決定進行實驗性防腐，將列寧的眼睛與其他大部分內臟器官移除（他的大腦被安置在蘇聯「腦部研究所」，此機構是特別為研究列寧的腦而設立，期望能找出他「非凡能力」的線索），他的體液被防腐劑取代（約佔總體重的六成）。留下的部分只有23％是列寧實際的身體，被小心翼翼地保護著。在列寧墓及其附屬實驗室中，一度有兩百位科學家在維護當時幾近神聖的馬克思主義者遺體。防腐後的列寧遺體（代號為「一號物體」，簡單扼要）受到高規格對待，在二戰期間還有特別列車將「他」從被圍攻的莫斯科接到俄羅斯中部的實驗室，以確保完好無缺。

人們對列寧遺體的過度關注，讓我們對蘇聯的生活樣貌有了意料之外的了解。蘇聯官方秉持無神論主義，對死後世界不屑一顧，可能正是因為這樣，讓列寧躺著的遺體保持栩栩如生的永存狀態變得非常重要。在缺少神和傳統統治者的情況下，必須從象徵性與實際上培育及保存新的歷史傳說。列寧墓裡躺著永恆供人瞻仰的不朽共產主義聖人，成為阿諛奉承的焦點。這些年來，約有二千四百萬人拜訪列寧墓，盯著遺體細瞧，而大多數人都對共產主義者的成就感到相當驚奇。蘇聯人對自己的專業防腐技術，以及世人對其黨國創立者遺體的崇拜，相當引以為榮。

儘管如此，讚譽有加的蘇聯遺體保存技術仍無法讓一九三八年的莫洛托夫感到滿意。經過處理的列寧皮膚與皮下脂肪，效果不如預期：他的臉持續凹陷，皮膚雖用胡蘿蔔素上色，卻時常呈現蠟黃，更慘的是大塊皮膚與深層肌肉組織（包括雙腳，還好被遮住了看不到）偶爾會成塊剝落。該怎麼辦？

科學家參考知名的（中產階級）藝術作品，想出了一個聰明、非科學而且很不蘇聯的解決方法。他們比較了林布蘭（Rembrandt）與艾爾・葛雷柯（El Greco）兩者畫作中的光影運用，意識到列寧墓的打光受不討喜的葛雷柯風格影響太深，因此決定全面改成林布蘭風格。他們不僅加裝了更高級的濕度與溫控系統，也換上新的玻璃水晶棺墓，解決了列寧外表的光線問題。適當的濾鏡變色片讓他的皮膚看起來變得粉嫩，還消除了讓眼窩與雙頰凹陷的陰影。

這下倒是引發了另一個爭論：列寧的遺體外貌是不是從一開始就是假造的？一位俄羅斯名醫為此寫了一本關於列寧遺體防腐的重要書籍《列寧的疾病、死亡與防腐之謎》（*Illness, Death, and Embalming of V. I. Lenin: Truth and Myth*），說明了其中的專業技術與防腐科學。但其他非前蘇聯身分的作家認為，列寧的皮膚與皮下脂肪更像是用塑膠、石蠟、甘油與胡蘿蔔素精心組裝，加上濃妝與討喜的打光。看起來很完美？可能吧。自然嗎？當然不。

如今，列寧——或他剩下來的部分——仍保存在他的陵墓中，接受訪客對他外表的各種批評。有些人說他看起來就像永恆長眠，有些人可不這麼認為。比較有禮貌的人，大概會將這位俄羅斯共產主義創建者比喻成一顆巨大的蓮霧。

毛澤東的防腐問題

說到共產主義者的防腐，中華人民共和國的國父毛澤東逝世的時機相當不巧——正好是一九七六年，中蘇交惡期間。雖然蘇聯的技術人員願意替其他共產國家領導人進行防腐和乾燥處理，但他們不想幫忙中國人，中國人只好自己處理。據各方說法，急就章的成果無法達到標準，防腐過後的毛澤東看起來……很不對勁。聽說毛澤東的醫生李志綏曾抱怨其遺體「頭腫起來，像顆足球」，而且「福馬林從毛細孔滲出，像在流汗」。在這之後的一年間，他們試著改善情況，結果仍不甚滿意。毛澤東的耳朵角度很奇怪，而且引用英國報紙的說法，他的皮膚看起來有種「不可思議的蠟質感……像杜莎夫人蠟像館拒絕收藏的蠟像。」這大概就是為什麼訪客只能在六公尺外瞻仰遺體，不准逗留。

保存不良的林肯

公開展示領導人遺體的並不限於共產國家。美國總統亞伯拉罕．林肯（Abraham Lincoln）遭到刺殺後，其遺體在三百名工作人員（包括一名防腐技術人員）的陪同下，展開七個州、一百八十個城市的火車之旅。每到達一站，他的遺體就會公開讓民眾瞻仰。然而當時沒有冷凍設備，無論防腐技術員怎麼努力，遺體還是開始腐爛，樣貌開始崩壞。

林肯的遺體在紐約經歷二十三小時的馬拉松式展出後，情況變得越來越糟。《紐約時報》做出以下結論：「對那些從沒見過林肯生前樣貌的人來說，展示的遺體可能還差強人意，但對熟悉林肯的人來說遠非如此。遺體的膚色看起來灰暗，近乎灰褐色；前額線條變得銳利，皮膚有明顯紋路⋯⋯儘管有做過防腐處理，仍不適合再進行更長時間的巡迴展示……」火車繼續駛向伊利諾州春田市，林肯快速腐敗的遺體最終安葬於此地的橡樹嶺公墓。

某方面來說，華盛頓林肯紀念堂的巨型坐姿石像，替代了經過防腐處理的偉大領導人供人景仰。這座具共產主義風格的紀念堂還有一個關鍵優勢：大理石不會腐壞。

秋瑾的雙腳

纏足如何促成女性主義的自由抗爭

❖時間：西元一八七五至一九〇七年

這是關於一雙腳的故事，看它們如何點燃歷史上最勇敢的女性主義運動之一。這雙腳屬於中國女性主義革命家秋瑾，肇因是她鞋子的尺寸。中國王朝一千多年以來，女性的雙腳越小越好。纏足，經由人工方式痛苦地縮小雙腳的尺寸，使成年女性的腳如同一歲孩童般小於十公分（所謂的理想尺寸），代表社會與經濟地位的流動性，以及女性對男性的情慾吸引力——無論怎麼看，都只是為了滿足主導整個社會的男性。像秋瑾一樣的女性，開始質疑起這樣的習俗。

在明朝年間（西元一三六八至一六四四年），估計一半以上的中國女性都有纏足。母親無法放任女兒的雙腳自然生長，從小就用繃帶將它們裹住，想盡辦法讓它們維持在最精緻的十公分尺寸（一般都是十五公分左右）。

這個過程並不容易，可說是極為痛苦。女孩通常在四到六歲時開始裹腳，首先必須將雙腳浸泡在熱水中，將指甲剪得非常短，然後按摩雙腳並抹油。接著，將大拇指之外的其他腳趾往腳底扳曲、扭折，腳趾對腳跟折成弓形，並且用長條的絲布緊緊纏繞固定。最後會得到大拇指突出、形狀怪異的三角形腳掌。由於布條纏繞得很緊，腳趾也被緊緊對折，血流受到阻礙，因此經常發生組織壞死的情形。有時候，腳趾真的會掉下來。每隔幾日，人們會取下纏腳布，讓膿流出，但雙腳還是會受到嚴重感染。有時，多餘的死皮會被削去，有時則讓它自己腐爛脫落。纏足的女孩會有幾個月都無法行走；之後，為了打斷足弓，反覆塑形，她可能又要被迫行走（或跛行）很長一段距離。隨著時間過去，布條纏繞得越來越緊，雙腳也越縮越小。有人將女性的小腳比做蓮花，「三寸金蓮」即對女性的讚美之詞。據說纏足聞起來不怎麼芬芳，但還是有許多男人宣稱喜愛這一味，甚至熱切地想要用汗臭蓮鞋盛酒喝。他們也覺得纏足女子走路搖晃擺動的樣子很性感。

痛苦的纏足習俗已持續超過一千年，到了十九世紀中期，才開始出現反纏足運動。不僅中國人反對這項傳統，身在中國的歐洲傳教士也開始反對這種做法。（諷刺的是，宣導對抗「野蠻」纏足習俗的傳教士，可能一點都不會覺得勒緊的馬甲束腹有什麼好奇怪野蠻的。事實上，這項維多利亞時期的女性流行有時會造成下肋骨向內凹陷。）

秋瑾，一八七五年出生於官宦之家的漢族，是當時挺身對抗纏足的女性之一。她曾經也是這項習俗的受害者，宣稱纏足會帶來「無法言說的疼痛與苦難，我們的父母對此一點都不同情。」據說年輕的秋瑾偷偷解開纏腳布（後來就很公開了），希望能解除痛苦和傷害，這麼做反而為她帶來更多疼痛。她決定解放的不只有她的雙腳，還有束縛中國的舊傳統。矛盾的是，當時中國正值清朝，由來自北方的滿族統治，而滿族反對纏足——滿族的婦女穿著厚底鞋，讓她們走路時能產生類似的嬌嬈效果，但不用體驗劇痛。然而漢族對於纏足這項傳統的執念實在過於強大，而且一直存在，特別是將之當成區分漢族與「野蠻的」滿族的方式。

秋瑾長大後成為一位相當有成就的詩人，但她仍是傳統、孝順的女兒。她在十八歲時接受了傳統的媒妁婚姻，嫁給一名富商，對方其實是個酗酒、嫖妓、阿諛奉承，而且極度古板守舊的人。忍耐了數年如地獄般的婚姻之後，秋瑾拋下一切，逃到日本，加入革命團體，追求推翻腐敗的滿清政權。她最重要的其中一項成就，是寫下一篇滔滔雄辯的文章〈致告中國二萬萬女同胞〉，譴責纏足與壓抑女性。她認為女性經濟上的無助和政治觀念的落後，很大一部分與纏足造成的行動不便脫不了關係。「為著要依靠別人，自己沒有一毫獨立的性質。這個幽禁閨中的囚犯……」

有許多女性像秋瑾一樣激烈反對纏足，然而也有一些女性是纏足的忠實支持者。最奇特的一點在於，有小腳的貧窮女孩能因此嫁給有錢的男子，提升社會地位；外表並不是這麼吸引人的女性，如果擁有比平常人還小的腳，在男人眼中就會變得非常性感；養小腳的女兒可以提升家族地位，代表這家人能養得起這樣毫無生產力、足不出戶的女子。近來的研究發現，在中國部分鄉下地區，纏足的女孩實際上擁有一種另類的經濟優點。她們無法走遠，只能待在家裡做必要、無趣的紡織手工。她們是雙腳被綁住的經濟囚犯。

時代來到二十世紀初，秋瑾不只是女性主義者，也是革命家。她跟革命同伴詩人徐自華創辦了《中國女報》，鼓勵女性獨立自主，為自己工作，停止依賴男性，當然還有放棄纏足。她憤慨地譴責深受「誘人小步伐」吸引的男性，迫使女性得因此折磨雙腳。該報紙只出了兩期即被停刊——講真話的改革報紙經常是如此。秋瑾並沒有因此氣餒受阻，而是接下女子體育學校（實為訓練革命者而設立的學校）校長一職。她的（革命）前途看似一片光明，直到她遭同伴背叛，被捕，受嚴刑拷打，最後在一九〇七年被處以斬刑。

她的精神並未隨著她的死而消失。她過去是——現在也是中國的民族英雄。一九一二年，法律終於明文禁止纏足。更重要的是，纏足不再被視為必須遵守的傳統習俗。雖然在一九四六年共產革命之後，某些區域仍有人持續纏足，特別是偏遠的鄉村。幸好，今日只剩下少數非常年長的女性擁有如此不正常的小腳，而最後一家纏足鞋製造商（為小蓮足製作像玩偶穿的鞋是門獨佔生意，畢竟沒有多少製鞋商家的倉庫裡會有一號的成人鞋）終於在一九九七年關門。

纏足的起源

纏足的興起可能源自貌似最和善的文人——詩人。（這樣說來，也許柏拉圖將詩人逐出理想國不是沒有原因的。）哥倫比亞大學巴納德學院的高彥頤教授認為，纏足可能是從唐朝（西元六一八到九〇七年）開始的。她這麼解釋：「由唐朝詩人虛構出的理想嬌小雙腳，可能到了十二、十三世紀被富貴人家的女子當成真的。遺失的步驟——我只能猜測——在西元九〇七年，唐朝滅亡後，宮廷舞者流落至南方的高級妓院，引進了輕度纏足，效果類似芭蕾女伶的足尖。」

自此，纏足變得更為嚴酷也更加普遍。估計到了十九世紀，中國漢族女性約有四到八成的人都有纏足——在上流富貴家庭中的比例更是接近百分之百。最理想的完美小腳是三寸金蓮，四寸足稱為銀蓮（這個尺碼也可以，但沒有人想要再更大的腳了）。擁有五或六寸「鐵蓮」（遠小於成年女性四號鞋的尺寸）的「大」腳女子，在當時的婚姻市場肯定乏人問津。

愛因斯坦的大腦

蘋果酒箱、梅森罐與天才的大腦

✣時間：西元一八七九至一九五五年

物理學家尤金．維格納（Eugene Wigner）曾說過：「愛因斯坦是世界知名的天才。認識的人以前常問我：『你花了很多時間和愛因斯坦混在一起。你說，他是不是有一顆完美的大腦？』」

當愛因斯坦（Albert Einstein）還在世時，就算不認為他有完美的大腦，還是有很多人會猜想他的大腦必定有什麼不同之處。畢竟普通人的大腦永遠也想不出相對論。但是有什麼不同？沒人知道。畢竟要研究仍在腦袋裡運作的大腦有點困難。直到一九五五年四月十八日，愛因斯坦過世，享壽七十六歲——一位大膽的病理學家趁機拿走了他的大腦。

愛因斯坦因強烈腹痛住進普林斯頓醫院（Princeton Hospital）。他病床旁邊的桌上擺著字跡潦草的筆記，內容是讓相對論與量子力學相容的想法，也就是他正在研究的萬有理論部分內容。凌晨一點十五分，他的身體——與仍在活動的大腦——終於停止運作。根據值班護士的說法，愛因斯坦深呼吸了幾次，喃喃說出幾句德語，然後就去世了。

普林斯頓醫院立刻召開記者會，宣布天才逝世的消息，同時將遺體送往實驗室解剖驗屍，由病理學家托馬斯・哈維（Thomas Harvey）確認死因（如同猜測，體內一顆困擾他很久的主動脈瘤破裂）。但哈維並沒有按照計畫將屍體送回給家屬進行火化，而是擅自取出愛因斯坦的大腦（本著同事情誼，他也取出了愛因斯坦的眼睛跟眼科醫生分享），之後才將遺體才還給家屬。當天稍晚，遺體立刻被火化了，並依照愛因斯坦的願望，在不公開的情況下處理了骨灰。

直到隔天，愛因斯坦的家人看到《紐約時報》頭條，才知道他們收到的是不完整的遺體。報紙頭版標題寫著「探尋愛因斯坦大腦的關鍵」，理由是「為了科學研究目的」，已取出「想出相對論的大腦」。其子漢斯・愛因斯坦（Hans Einstein）與遺囑執行人奧托・內森博士（Dr. Otto Nathan）深感困惑，前去與恣意妄為的病理學家對質。對方也承認了，自己當然不會放過這千載難逢的機會——採集天才大腦的機會。

哈維追隨「科學家」的腳步，追隨那些深受某種大腦狂熱吸引的前輩——那種迫切想直接研究大腦的衝動，特別是名人的大腦，或是罪大惡極之人的大腦。這種對皮質的熱忱源自兩千年多年前，大約在西元前五世紀時，古希臘自然哲學家克羅頓的阿爾克邁翁（Alcmaeon of Croton）提出人類意識來自大腦的想法。從那時起，大腦成為科學研究焦點，解剖大腦成為重要的研究方法。但流行有消有長，曾有好一陣子，以科學之名解剖人類身體的行為不被認同（當然，以戰爭與國家主義之名肢解人體就可以）。直到十三世紀，人體的科學解剖再度流行起來。但一直要到三百年之後，軟組織保存方法的發展，讓研究人員能採集器官做研究，科學家在大腦研究方面才出現飛一般的躍進。

採集大腦在十九世紀非常熱門，所有與大腦相關的事物都很熱門——顱相學、以「科學方式」研究頭上腫塊、原始分類學（在此指將頭型和尺寸與犯罪傾向連結），或是單純研究大腦本身。在十九世紀末，一位名為伯特．格林．威爾德（Burt Green Wilder）的研究員將其收集的大腦分為兩種：「受教育與常人的大腦」，即屬於學者與專家（僅限白人男性）的大腦，以及「無名氏、瘋子或犯人的大腦」，不只包括心理疾病患者與罪犯，也有少數族群與女性。大腦協會或「社團」如雨後春筍般出現——科學家與感興趣的一般民眾，聚在一起討論大腦，承諾將自己的大腦捐給該社團進行研究（當然是死後），並且說服知名人士同樣將自己的大腦預先捐贈。對大腦如此熱衷著迷，是因為這些人確信最優秀人士的大腦有其特異之處，與其他大腦有所區別……讓我們回到哈維與愛因斯坦的大腦。

哈維認為愛因斯坦一家應將他的大腦交付於科學研究。雖然沒有正式的書面同意書（這也是哈維後來一直被指控「偷走」大腦的原因之一），家屬與遺囑執行人最終接受了哈維的行為，並同意將愛因斯坦的大腦用於研究。但有一個重要約定：必須遵照愛因斯坦的願望，越低調越好，整個過程必須保密，不能有任何作秀行為。

家屬如願以償，自此再也沒有任何與愛因斯坦相關的消息出現在媒體上，也沒有發表任何研究。愛因斯坦的大腦被遺忘了整整二十五年後，一位來自《紐澤西月刊》（*New Jersey Monthly*）的勇敢記者史蒂芬・列維（Steven Levy）開啟了「找尋愛因斯坦之腦」的旅程。他最後在堪薩斯州的威奇托市找到了哈維，看著他從啤酒冷藏櫃後拿出一個蘋果酒硬紙箱，在箱子內揉皺的舊報紙中間有兩個罐子。「飄浮在梅森罐裡……有幾片組織，貝殼狀、灰色、帶有條紋，質地看起來如同海綿。」

給我墨索尼里的大腦

另一個從頭顱取出的知名大腦，是義大利獨裁者貝尼托．墨索尼里（Benito Mussolini）的大腦。這位法西斯領導人在一九四五年被共產黨處決後，由米蘭的法醫研究所醫師進行解剖驗屍，並取出其受損嚴重的大腦（行刑隊的確可能造成這種結果，例如將屍體頭下腳上地倒吊著，供民眾拳打腳踢或各種虐打）。美國政府想要驗證一項理論，了解墨索里尼怪異的行為是否真的源自痲痺性痴呆（病因是梅毒造成的慢性腦膜炎），而要求取得一份腦部樣本（也有可能是想要當成戰利品）。於是，裝有大腦組織的試管被送到華盛頓特區，醫生研究後做出該腦組織完全正常的結論。隨後他們將一小瓶腦組織存放在聖伊莉莎白醫院（St. Elizabeth's Hospital），另一小瓶放在美國三軍病理學院

（Armed Forces Institute of Pathology）。它們就待在那裡，逐漸被世人遺忘——除了墨索里尼的遺孀。

她於一九五七年領回丈夫曾被藏起來的遺體，想要盡可能讓他在完整的狀態下葬。她不斷寫信給駐義大利的美國大使，提出取回大腦的要求，最後終於在一九六六年，政府官員同意了。但他們只找到一半的腦組織——儲存在聖伊莉莎白醫院的腦組織不見了。一半的腦顯然比什麼都沒有來的好。大腦樣本被放在一個很普通的白色信封內，寄回了佛羅倫斯，信封上頭還寫錯了名字，寫成「墨索里妮」（Mussolinni）。那份腦組織最後應該是回到墓穴內和墨索里尼的遺體團聚了。那遺失的腦組織呢？沒人確定它到底去哪了。

在二〇〇九年，拍賣網站 eBay 上出現一項商品：一名無名賣家以平實的價格（一萬五歐元）出售墨索里尼的部分大腦。後來網站收到墨索里尼孫女的通知，移除了該項商品。

較大的那個罐子上方被紙膠帶緊緊黏住，裡面有「許多長方形半透明的匣子，大小如同戈登伯格花生巧克力，每塊上面都貼著寫了大腦皮質的標籤……每個匣子裡裝的都是一團萎縮的灰色物質。」

這些就是愛因斯坦的大腦。

哈維解釋，他將愛因斯坦的大腦切成兩百四十份樣本，製成玻片標本寄給知名神經病理學家，剩下的大腦樣本則留給自己做（從未進行的）研究。他原本冀望其他更知名的科學家會迫切地想研究愛因斯坦的大腦，但事實上大部分科學家並不感興趣，部分原因和移除大腦的倫理爭議有關。直到數十年後，才終於有科學家發表了相關研究結果。

那麼，研究愛因斯坦的大腦是否真能解釋天才的源起？這很難說。但研究人員認為他們的確有一些重大發現。一九九九年，加拿大麥克馬斯特大學的研究員發現，愛因斯坦的大腦實際上比一般人的大腦更小，但他大腦的某些部位，像是頂葉，比一般人更大，而且開發使用的程度更高。十多年後，加州大學柏克萊分校發現愛因斯坦的神經元內有較高比例的神經膠質細胞，而且細胞之間的連結數量更多。用一般的說法，這代表愛因斯坦的認知能力比一般人更強，代表他比大多數人更容易產生創意性的跳躍思考。但這些只是猜測——過去是，現在也是。對於大腦結構對智力的影響，我們現在才要開始解密。

哈維從來不知道自己「偷走」愛因斯坦大腦的事，在某種程度上已被證明無罪。他活到八十四歲，在愛因斯坦逝世，同時也是他摘取其大腦的醫院嚥下最後一口氣。可惜的是，關於愛因斯坦大腦更有趣的研究結果，在他死後數年才有人發表。

芙烈達的脊椎

臥床九個月為人生帶來的正面影響

✣時間：西元一九〇七至一九五四年

提到歷史上的身體部位與藝術家芙烈達・卡蘿（Frida Kahlo），大多數人立刻會想到的是「一字眉」。這很合理，一字眉是她肖像畫中最明顯的特徵，是她五官最顯著的部位，是她的代表象徵、商標與視覺標記（而且她真的會用眼線筆加深一字眉，讓它更搶眼）。

芙烈達的玩偶在二〇一八年上市時遭遇強烈反彈，不是因為一位女性主義畫家變成了比例誇張的玩偶，而是因為玩偶的一字眉不夠明顯，不夠「芙烈達」。然而，若沒有讓她成為現代偶像的脊椎，備受稱讚的一字眉也只是沒拔乾淨的臉毛而已。

當時十八歲的芙烈達和她的男友艾力克斯・葛梅茲・艾瑞阿斯（Alex Gomez

Arias）搭巴士旅行，不幸與電車相撞。艾瑞阿斯後來提到，撞擊的力量讓公車「變成千萬碎片」，其中一個碎片——一個鋼製扶手——刺穿了芙烈達的臀部，造成她的脊椎三處斷裂。

艾瑞阿斯描述的場景就像芙烈達畫作中的魔幻寫實景象：「奇怪的事情發生了。芙烈達全身赤裸，撞擊使她的衣物鬆開掉落。公車上的某人可能是油漆工，身上帶著一袋金粉。袋子破掉了，金粉撒滿芙烈達染血的身體。當人們看到她時，大聲喊著：『芭蕾舞者！芭蕾舞者！』由於她身上布滿金粉和鮮豔的血紅色，人們以為她是穿的舞衣的舞者。」

想像很超現實，事實卻很殘酷。為了治療脊椎，芙烈達全身被封上石膏，三個月無法走路，也無法站立。（她六歲時也有過類似的經歷，當時她得了小兒麻痺症，臥床九個月。）她為了擊敗無聊、轉移疼痛，特別訂做了一個畫架，讓她能躺在床上作畫。她在床的上方擺放了一面鏡子，讓她有了作畫的對象——她自己。於是，藝術家芙烈達．卡蘿，原創的自拍超級巨星，就此誕生。

在那個沒有智慧型手機自拍的年代，她躺在醫院病床上，一次又一次在畫布上描繪自己的肖像。她在一九五四年離世之前，已經累積了五十五幅自畫像，不僅僅是描出自己的模樣，大多數帶有超現實主義的層層堆疊與裝飾，好似某種帶有知性隱喻的精緻濾鏡。

事實上，芙烈達的自畫像只佔其創作總數的34％。她還有另外八十八幅以墨西哥為主題元素的畫作。墨西哥是她一生的愛，她深受墨西哥獨立運動的吸引，甚至為此改變自己的出生日期。她出生於一九〇七年，她卻宣稱是一九一〇年。這不是為了讓自己年輕三歲的虛榮舉動，而是強調她與墨西哥的連結——一九一〇年是墨西哥獨立一百週年。

然而大多數人仍是從自畫像認識芙烈達，或至少是自畫像的複製品。現在則是馬克杯、T-Shirt和廚房紙巾，到處可見各種頂著濃密一字眉，直直盯著你瞧的芙烈達。芙烈達狂熱顯然是近代的現象，始於一九七〇年代晚期，當她的作品重新被大眾看見之時。在此之前，藝術圈以外的人只知道她是知名藝術家迪亞哥．里維拉（Diego Rivera）的妻子。事實上，《紐約時報》即是以「芙烈達．卡蘿，藝術家與迪亞哥．里維拉的妻子」作為她的訃文標題（內容還是有提到她的部分藝術作品）。

里維拉是墨西哥藝術界的大咖，以充滿政治色彩的畫作聞名，特別是濕壁畫。他與芙烈達的婚姻同樣充滿政治色彩（兩人皆是共產黨黨員與墨西哥國家主義者），而

歷史上的一字眉

芙烈達不是唯一為了戲劇效果而強調一字眉的人。在古希臘，女性會使用銻，一種深灰色的類金屬，讓眉毛看起來更佳濃密並且連在一起，稱為synophrys（syn意為「一起」，phrys則是「眉毛」）。一字眉被視為美麗與聰穎的象徵，深受古羅馬作家佩特羅尼烏斯（Petronius）等人稱讚——他曾寫道，理想中的女子應該有「幾乎要在眼睛中間相連的眉毛」。是的，幾乎。經過修飾而幾乎要相連的一字眉才是最流行的眉毛。作家阿那克里翁（Anacreon）也形容他的情人有著「近乎相連，又似分開」的眉毛。

從那時起，一字眉出現在不同時代的不同國家，時而流行時而消失。一字眉曾在印度掀起風潮（女神與女王的圖像都有著深色的一字眉），在喜愛除臉毛以及將眉毛修得細細長長的古代波斯卻非常不流行；然而到了十八世紀卡扎爾王朝（Qajar dynasty）時，一字眉又回來了。在歐洲，一字眉被認為非常過時，因為人們比較喜歡額頭，尤其是高額頭。中世紀歐洲女性為了達到終極美貌，即又高又寬的額頭，她們會將拔眉毛拔到像鉛筆一樣細。

且複雜。里維拉是個多情的好色之徒，才和芙烈達結婚不久就開始搞婚外情。芙烈達也用婚外情報復他，同時和男人與女人發生關係（這些人之中有些也和里維拉上床），演變成一連串的相互競爭。當里維拉染指了芙烈達的妹妹，芙烈達也找上了里維拉的偶像，蘇聯革命家列夫・托洛斯基（Leon Trotsky）。這些不忠行為最終讓他們在結婚第十年離婚，結果隔年他們又和好再婚了。縱使經過這麼多風風雨雨，比八點檔還戲劇化，他們依然無法離開彼此。芙烈達曾說：「我的人生有兩件重大意外，一是電車事故，另一個則是遇見迪亞哥。遇見他是目前為止最糟的事情。」里維拉則意有所指地稱她為「他生命中的偉大事實」。

就某方面來說，里維拉佔據芙烈達人生的首要位置；另一方面來看，她的脊椎同樣主導了她的命運。她為了脊椎動過不只一次手術，前前後後總共三十次（有些是為了腿，其餘則是為了脊椎），並且時不時得穿上石膏束腹。如同她將臥床康復轉變成創造藝術的機會，她也對石膏束腹做了同樣的事——她在石膏上作畫，並且貼上融合了電車、猴子、鳥與熱帶植物的印花布料。當她穿上石膏，她就像是行走的畫布，人體彩繪，她的3D版自畫像。她的自畫像刻畫的通常是她的健康，例如其中一幅《斷柱》（*The Broken Column*），很明顯指的是她的脊椎。

在一九五三年四月，芙烈達終於夢想成真，在墨西哥舉辦首次個展。醫生叮囑她必須臥床休息，沒人想到她竟會出現在開幕宴會上。出席宴會的人一定很納悶，為什麼展場中間會放一張四柱床？此時，一輛救護車停在展場前，被擔架送進來的正是芙烈達。她被推進展場時，場內的群眾分了出一條路讓她通過，看著她躺在那，堅不可摧的芙烈達．卡蘿，向她的賓客與贊助人致意。

「小婦人」藝術家

在他們的婚姻中，即使芙烈達持續創作，獲得大部分的關注與名聲的仍是里維拉。一九三二年，他們去了底特律，里維拉受託繪製一系列壁畫。當記者問時年二十五歲的芙烈達是否也是畫家，她告訴他們，自己是世界上最偉大的畫家。她的回應與態度引來公眾的關注。《底特律報》的記者決定不報導里維拉的壁畫，而是以芙烈達為主題。然而報導中稱讚她的方式卻隱含批評，說她是「靠自己的畫家」，她的作品「絕不是玩笑」，文章的標題大大地寫著「壁畫大師的妻子興高采烈地涉足藝術創作」。幾年後，在一九三九年的《生活》雜誌上，有篇關於里維拉在加州城市大學的壁畫報導，內容也有提到芙烈達，卻僅稱她為迪亞哥·里維拉的太太。

這樣的偏見普遍存在於藝術界，其他同樣身為藝術家妻子的藝術家們也陷入「某藝術家夫人」的圈套。寫實畫家愛德華．霍普（Edward Hopper）的妻子喬瑟芬．霍普（Josephine Hopper）是位成功的畫家，展現了與畢卡索和莫迪里亞尼（Amedeo Modigliani）一樣的名家天賦。然而當愛德華的事業一飛衝天，喬瑟芬則相形失色，後來變成丈夫畫作中的女主角而為人所知。在一九四〇與五〇年代，抽象表現主義藝術家李．克拉斯納（Lee Krasner）在伴侶波洛克（Jackson Pollack）的名氣影響下黯然失色。當人們提到德庫寧（de Kooning），通常會想到威廉（Willem）而非伊萊恩（Elaine），既使後者也是非常成功的肖像畫家（甘迺迪欽點她為自己繪製肖像）。

至於芙烈達，時間改變了權力關係的平衡。她強烈的個人特質吸引了現代大眾，沒有人會嘗試裝扮成里維拉，沒有里維拉的運動鞋、手錶或花盆，也沒有里維拉的同名電影。事實上，近來為這對夫妻策展的負責人表示，通常需要被介紹的藝術家不是芙烈達，而是里維拉。

艾倫．雪帕德的膀胱

乏味但重要的太空排泄問題

❖時間：西元一九二三至一九九八年

回到一九六一年，美國國家航空暨太空總署（NASA）生命科學計畫辦公室的佛里曼．昆比博士（Dr. Freeman H. Quimby）肯定地說：「我們沒預想到第一位太空人會需要『解放』。」畢竟，第一趟帶著太空人進入太空的飛行只會持續十五分鐘，所以應該不是問題。不是嗎？

然而NASA沒有考慮到起飛前的等待時間。發射臺的延遲讓坐在太空艙裡，穿著太空裝的艾倫．雪帕德（Alan Shepard）等了八小時，他等到膀胱都滿了。儘管昆比博士自信滿滿地發表了聲明，但他真的，真的需要「解放」一下。這不只是排除身體廢物的問題，還有我們在做計畫時太常忽略一般人會有的正常生理需求，就像在太空艙裡耐心等待的艾倫·雪帕德和他的膀胱。

雪帕德忍不住了。他告訴 NASA 自己面臨必須排泄的緊急情況，該怎麼辦？他被明確告知留在原地靜候。他再次請求指揮中心，准許他在太空衣裡小解。他即刻獲得了允許。這其實沒這麼糟，雪帕德回想：「我穿著棉製內衣，衣服立即吸收了尿液。到發射升空時，我全身已經乾了。」然而尿液還是引發了科學問題。雪帕德的尿使得醫用感測器的電子系統短路，那是用來追蹤他在飛行期間生理反應的儀器。

雪帕德的膀胱對男性（與後來的女性）太空旅行提出一個重要問題：我們在太空中該如何照顧無法避免的正常生理需求，例如排尿和排便？這不是在搞笑，而是當我們離開熟悉的地球時必須面臨的重要挑戰之一。

回歸重點。在這次（除了排尿意外其他都）相當成功的飛行之後，NASA 開始處理穿著太空裝上廁所的迫切問題。結果我也遇上問題了。我試圖從歷史這灘死水尋找相關的解決方法，但要知道，工作時尿在衣服裡這種事情，在歷史上對人類來說並不是特別重要的問題——除了某個特別的案例，那就是十五到十六世紀早期，穿著閃亮鎧甲的騎士。

騎士穿上鎧甲，是為了在戰爭中避掉敵人的投石器與劍。但就算戰爭正激烈，有時還是會想上廁所。那麼，裝在像罐頭一樣的鎧甲裡的騎士大人，該怎麼辦？往好的方面來想，鎧甲不像太空裝一樣封閉。騎士需要騎馬，所以鎧甲並非成套的連身鋼板，而是一片一片的。成套的鎧甲通常包括頭盔、胸鎧、手套、鋼鐵腿板和襯墊馬褲，有時還有鎖子甲內褲保護鼠蹊部，裙狀鎖子甲（通常是鉸接式的）則由覆蓋前側髖骨的護腰金屬片與覆蓋臀部的護臀片組成。因此，理論上，騎士應該不用開罐器就能夠自我解放。

從消極的方面來看，這並不容易。就算戴著鉸接金屬手套的騎士能翻起裙狀盔甲，動作一定也很笨拙。此時真是同情可憐的著裝侍從，得幫忙騎士抬起護腰金屬片或護臀片，讓他順利解放。倘若該騎士在戰場上沒時間上廁所，侍從就得進行不怎麼討喜的鎧甲清潔工作。更重要的是，穿著鎧甲很熱，大部分的潛在尿液都經由流汗排掉了。倘若真的需要小解，就跟艾倫・雪帕德一樣：他的尿大多被內衣吸收了，騎士的尿液則會被盔甲下厚實的襯墊吸收。不過以上這些都是推測。身體排泄的運作方式真的很少有記錄，騎士年代的史學家更偏好記錄騎士的精神與作為。

回到二十世紀中期，太空時代的排泄文獻證據也有相同的缺口。一些已發表的相關研究過於委婉，例如一篇以此為主題的英國當代論文提到，在男性的「泌尿管」

外部套上一層不透水的護套，即現代科學跟一般人稱之為陰莖的地方。我們知道的是，在雪帕德之後接續飛行任務的古斯．葛利森（Gus Grissom），他的太空裝已經具備運作良好的尿液儲存袋，雖然有點緊就是了（有些太空人會抱怨漏尿和皮膚搔癢）。為了減少尿液排放量，古斯在飛行任務的當天早上不能喝咖啡。到了約翰．葛倫（John Glenn）進入地球軌道的時候，收集尿液的裝備升級了，用改造過的保險套當作外部導管，NASA 稱之為「滾邊袖套」（roll-on cuffs）。工程師測試了多款從商店買來的保險套，直到發現其中一款不會漏，便請該品牌製造商生產更強壯的套子。與一般保險套不同，這些套子的兩端都有洞，用來銜接被固定在貼身太空衣內的儲存袋。據消息指出，NASA 的保險套有三個尺寸：小號、中號和大號。果不其然，所有太空人都要求大號套子，因此 NASA 做了點調整，將套子的尺寸改為「特大號」、「巨大號」和「無敵大號」。

但是事情沒這麼簡單。經歷葛倫的航行任務之後，科學家開始了解到人類的身體——與控制它的心智——會在不同的情況下做出特別的調整。葛倫顯然並沒在啟航時就開始排尿。人類的膀胱通常在三分之一滿時會感覺到尿意，在三分之二滿時會想排尿，超過三分之二滿會感到疼痛並極為不適。據說葛倫的膀胱都快滿出來了還沒感

第一個在月球上尿尿的人

第二位踏上月球的人類伯茲．艾德林（Buzz Aldrin）可以驕傲地炫耀（他也的確這麼做了），他是第一個在月球上尿尿的人。這個聽起來不怎麼光彩的榮耀是件意外。根據史密森尼航太博物館策展人蒂索．繆爾哈莫尼（Teasel Muir-Harmony）所言：「當他（艾德林）讓登月小艇降落時，因為他降落得太輕巧了，本來設計受到壓力會縮進去的腳架沒有縮進去。」因此，艾德林本該從小艇上一小步輕踏到月球表面，現在被迫得用跳的——他落到月球表面時造成的振動讓他的尿液收集器破裂。「所以尿液沒去到該去的地方，而是聚集在他的靴子裡。當他在月球表面行走時，應該是到處滴尿。」

覺到尿意，問題就出在重力：在零重力的狀態下，尿液不會聚集在膀胱底部，因此不會有強烈的排尿衝動。但若尿液滯留在膀胱的時間過長，壓力會造成膀胱與尿道的括約肌損傷，導致永久性的尿失禁。

那女性太空人呢？首先，NASA 必須克服的是其厭女心態。一項測驗顯示，女性實際上通過太空體能測驗的比例達68％，比男性的56％更高。然而 NASA 刻意忽略這個數字，在一九六二年發表了一項專斷的聲明，說女性因為「生理特徵」而不適合待在太空。一九六四年的一份報告指出，「要讓喜怒無常的生理人類搭配複雜的機器，將會產生錯綜複雜的情況……」（你知道的……他們說的就是經前症候群。）一旦女性登船執行太空任務，就必須發展新的尿液收集計畫。「最大量吸收服裝」（Maximum Absorbency Garment，即太空時代的尿布）應運而生，很快也被應用在男性太空人身上。

至於上大號的部分，可以預期場面會比較混亂。「糞便控制系統」（fecal containment system）有時配不上自己那花俏的名稱，無法做好分內的工作。NASA 承認它其實是個「非常基本的系統」，就是一個黏貼在臀部的塑膠袋，只要打開太空裝背面的便利蓋就能拿出來（太空艙裡還有一個放廁紙的特別夾層）。然而大家必須知道一件事——對許多人來說應該是「我不太想知道的事」——因為缺乏重力，排便需要手動協助，用手切斷或捏斷糞便。塑膠袋的側邊備有「手指套」，讓太空人在操作時不弄髒手，整個過程大約四十五分鐘。根據在太空待了六百六十五天的佩吉・惠特森（Peggy Whitson）所言，這是她在零重力環境下最不喜歡做的事情。不意外地，在擁擠的太空艙裡，味道必定不好聞，有時還會外漏。因此才有了一九六九年阿波羅十號太空人湯瑪斯・斯塔佛德（Tom Stafford）的不朽名言：「快給我一張衛生紙。有一塊糞便在空中飄。」

好的，我們就快結束排便了。最後一句話：雖然人類的確能進入外太空（或像艾倫・雪帕德進入電離層），我們仍舊無法逃避——我們的身體有自己的運作時間表和需求，即使是不起眼的膀胱。

太空中的月經

一九八三年，莎莉·萊德（Sally Ride）執行第一次太空飛行任務前，NASA工程師（大概全是男性）當面向她確認一個很基本的問題：在為期一週的任務中，她需要多少衛生棉？他們天真地問：「一百個，這個數字對嗎？」她平靜地回答：「不，數字不對。」（提示：通常一次經期會使用二十個左右。）衛生棉的數字事小，就像前面提到的零重力排尿意外，（男性）科學家擔心經血會回流至腹部，造成健康問題（即使女性太空人很確信不會發生這種事）。她們是對的。與其他生理功能不同，月經顯然一點都不受太空飛行影響——就跟在地球時沒什麼兩樣。當然，月經在地球上也有可能造成問題，因此許多女性會加碼用避孕藥或子宮內避孕器。

致謝

本書寫出了我們的愛好與興趣，並且因為許多人的幫忙與協助而變得豐富有趣。首先，我們想感謝彼此的家人（艾力克斯、羅倫、邁克爾、蘭迪、斯萊、伊馮），對我們百般容忍，容忍我們過於頻繁地在晚餐上談論各種不同的身體器官、四肢與人體部位。例如，「你知道生病的膽囊實際上會……」

感謝傑出的編輯貝卡・杭特（Becca Hunter），她完全了解本書，而且編輯能力無懈可擊。感謝書籍設計師賈克柏・科維（Jacob Covey），他的設計超越我們的想像。感謝我們敏感的讀者多明妮可・里爾（Dominique Lear），提供她的讀後想法與精準建議。感謝我們的專業俐落的編審米凱拉・布恰特（Mikayla Butchart）、眼力敏銳的校對員凱倫・李維（Karen Levy），以及夸尼可（Chronicle）出版社每一位員工的協助。同樣感謝我們的經紀人安德莉亞・松柏格（Andrea Somberg），還要特別感謝溫蒂・列文森（Wendy Levinson），在安德莉亞休產假時承接此案子，替我們加油，為我們的書找到了最棒的出版社。

如果沒有你們，我們也無法再添一本令我們滿意的作品。

參考書目

舊石器時代庇里牛斯山女性的手

- Basedow, H. *Knights of the Boomerang*. Sydney, Australia: The Endeavour Press, 1935.
- Dobrez, P. "Hand Traces: Technical Aspects of Positive and Negative Hand-Marking in Rock Art." *Arts* 3, no. 4 (2014): 367–393. https://doi.org/10.3390/arts3040367.
- Groenen, M. "Les représentations de mains négatives dans les grottes de Gargas et de Tibiran (Hautes-Pyrénées). Approche méthodologique." *Bulletin de la Société Royale Belge d'Anthropologie et de Préhistoire* 99 (1988): 81–113.
- Gross, C. G., C. E. Rocha-Miranda, and D. B. Bender. "Visual Properties of Neurons in Inferotemporal Cortex of the Macaque." *Journal of Neurophysiology* 35 (1972): 96–111.
- Leroi-Gourhan, A. *The Art of Prehistoric Man in Western Europe*. London: Thames & Hudson, 1967.
- Petrides, M., and D. N. Pandya. "Distinct Parietal and Temporal Pathways to the Homologues of Broca's Area in the Monkey." *PLoS Biology* 7, no. 8 (2009): e1000170.

https://doi.org/10.1371/journal.pbio.1000170.

- Romano, M., et al. "A Multidisciplinary Approach to a Unique Paleolithic Human Ichnological Record from Italy (Bàsura Cave)." *eLife Sciences* 8 (2019): e45204. doi: 10.7554/eLife.45204.
- "Science Notes: Paleolithic Cave Art and Uranium-Thorium Dating." *Current Archeology*, April 24, 2018.
- https://archaeology.co.uk/articles/sciencenotes/science-notes-palaeolithic-cave-art-and-uranium-thorium-dating.htm.

哈特謝普蘇特的鬍子

- Cooney, K. *The Woman Who Would be King.* New York: Oneworld Publications, 2015.
- Izadi, E. "A New Discovery Sheds Light on Ancient Egypt's Most Successful Female Pharaoh." *Washington Post*, April 23, 2016.
- https://www.washingtonpost.com/news/worldviews/wp/2016/04/23/a-new-discovery-sheds-light-on-ancient-egypts-most-successful-female-pharaoh/?noredirect=on&utm_term=.953365a29387.
- Mertz, B. *Temples, Tombs and Hieroglyphs: The Story of Egyptology*. New York: Harper

Collins, 2007.
- Robins, G. "The Names of Hatshepsut as King." *The Journal of Egyptian Archaeology* 85 (1999): 103–112.
- Tyldesley, J. *Hatchepsut: The Female Pharaoh.* London: Penguin Books Ltd., 1998.
- Wilford, J. N. "Tooth May Have Solved Mummy Mystery." *New York Times*, June 27, 2007.
- https://www.nytimes.com/2007/06/27/world/middleeast/27mummy.html.
- Wilson, E. B. "The Queen Who Would Be King." *Smithsonian Magazine*, September 2006.
- https://www.smithsonianmag.com/history/ the-queen-who-would-be-king-130328511.

宙斯的陰莖

- Aristotle. *Generation of Animals*. Translated by A. L. Peck. Loeb Classical Library 366. Cambridge, MA: Harvard University Press, 1942.
- Chrystal, P. *In Bed with the Ancient Greeks*. Stroud, UK: Amberley Publishing, 2016.
- Hubbard, T. K. *Homosexuality in Greece and Rome: A Sourcebook of Basic Documents.* Berkeley: University of California Press, 2003.
- Jenkins, I. *Defining Beauty: The Body in Ancient Greek Art*. London: British Museum Press, 2015.

- McNiven, T. J. "The Unheroic Penis: Otherness Exposed." *Notes in the History of Art* 15, no. 1 (1995): 10–16. https://www.jstor.org/stable/23205709.
- North, H. F. "The Concept of Sophrosyne in Greek Literary Criticism." North Classical Philology 43, no. 1 (1948): 1–17.

克麗奧佩脫拉的鼻子

- Ahmed, E. M., and W. F. Ibrahim. "Hellenistic Heads of Queen Cleopatra VII." *Journal of Tourism, Hotels and Heritage* 1, no. 2, (2020): 30–39. https://sjs.journals.ekb.eg/article_125082_35e077628922bdab4ad39c8049716aca.pdf.
- Ashton, S. A. "Ptolemaic Royal Sculpture from Egypt: The Greek and Egyptian Traditions and Their Interaction." Doctoral dissertation, University of London, 1999.
- Bianchi, R. S., et. al. *Cleopatra's Egypt: Age of the Ptolemies*. New York: The Brooklyn Museum, 1988.
- "Cleopatra and Egypt." Humanities Department, Macquarie University. http://www.humanities.mq.edu.au/acans/caesar/CivilWars_Cleopatra.htm.
- Kleiner, D. E. E. *Cleopatra and Rome*. Cambridge, MA: Harvard University Press, 2009.
- Pascal, B. *Pensées*. London: Penguin Books Ltd., 2003.

- Walker, S., and P. Higgs, eds. *Cleopatra of Egypt: From History to Myth*. London: British Museum Press, 2001.
- Walker, S. "Cleopatra in Pompeii?" *Papers of the British School at Rome* 76 (2008): 35–46, 345–348.

趙氏貞的乳房

- Dasen, V. "Pobaskania: Amulets and Magic in Antiquity." In *The Materiality of Magic*, edited by D. Boschung and J. N. Bremmer, 177–204. Cologne, Germany: Internationales Kolleg Morphomata, 2015.
- Gilbert, M. J. "When Heroism Is Not Enough: Three Women Warriors of Vietnam, Their Historians and World History." *World History Connected*, June 2007. https://worldhistoryconnected.press.uillinois.edu/4.3/gilbert.html.
- Johns, C. *Sex or Symbol? Erotic Images of Greece and Rome*. London: British Museum Press, 1982.
- Jones, D. E. *Women Warriors: A History.* London: Brassey's Military Books, 1997.
- Kim, T. T. *Việt Nam sử lược* (*A Brief History of Vietnam*). Hanoi: Nhàxuất bản Văn Học, 2018.

- Le, P. H., ed. *Complete Annals of Great Viet*. Hanoi: Khoa học xã hội, 1998.
- Marr, D. G. *Vietnamese Tradition on Trial, 1920–1945*. Berkeley: University of California Press, 1984.
- Ngọc, H. *Viet Nam: Tradition and Change*. Athens, OH: Ohio University Press, 2016.
- Nguyễn, K. V. *Vietnam: A Long History*. Hanoi: Gioi Publishers, 2002.
- Silver, C. "Romans Used to Ward Off Sickness with Flying Penis Amulets." *Atlas Obscura*, December 28, 2016.
- https://www.atlasobscura.com/articles/ romans-used-to-ward-off-sickness-with-flying-penis-amulets.
- Taylor, K. W. *The Birth of Vietnam*. Berkeley: University of California Press, 1983.
- Williams, C. A. *Roman Homosexuality: Ideologies of Masculinity in Classical Antiquity*. New York: City University of New York, 1999.

聖卡斯柏特的指甲

- Battiscombe, C. F. , ed. *The Relics of Saint Cuthbert*. Oxford: Oxford University Press, 1956.
- Bede. *The Life and Miracles of St. Cuthbert, Bishop of Lindesfarne (721)*. https://

sourcebooks.fordham.edu/basis/bede-cuthbert.asp.

- Biggs, S. J. “A Menagerie of Miracles: The Illustrated Life of St Cuthbert.” *Medieval Manuscripts* blog, British Library, January 30, 2013. https://britishlibrary.typepad.co.uk/digitisedmanuscripts/2013/01/ a-menagerie-of-miracles-the-illustrated-life-of-st-cuthbert.html.
- Boehm, B. D. “Relics and Reliquaries in Medieval Christianity.” Department of Medieval Art and The Cloisters, The Metropolitan Museum of Art, 2011. https://www.metmuseum.org/toah/hd/relc/hd_relc.htm.
- Colgrave, B., ed. and trans. *Two Lives of Saint Cuthbert: A Life by an Anonymous Monk of Lindisfarne and Bede's Prose Life*. New York: Greenwood Press, 1969.
- Cronyn, J. M., and C. V. Horie. *St. Cuthbert's Coffin*. Durham, UK: Dean and Chapter of Durham Cathedral, 1985.
- Gayford, M. “Treasures of Heaven: Saints, Relics, and Devotion in Medieval Europe, British Museum.” *The Telegraph*, June 10, 2011.
- https://www.telegraph.co.uk/culture/art/8565805/Treasures-of-Heaven-Saints- Relics-and-Devotion-in-Medieval-Europe-British-Museum.html.
- The Slaves of the Immaculate Heart of Mary. “The Finding of the Tongue of Saint Anthony of Padua (1263).” Catholicism.org, February 15, 2000.

- https://catholicism.org/ the-finding-of-the-tongue-of-saint-anthony-of-padua-1263.html.

秀喀夫人的舌頭

- Munson, J., V. Amati, M. Collard, and M. J. Macri. “Classic Maya Bloodletting and the Cultural Evolution of Religious Rituals: Quantifying Patterns of Variation in Hieroglyphic Texts.” *PLoS One*, September 25, 2014. https://doi.org/10.1371/journal.pone.0107982.
- Schele, L., and M. E. Miller. *Blood of Kings: Dynasty and Ritual in Maya Art.* New York: George Braziller, 1992.
- Steiger, K. R. *Crosses, Flowers, and Toads: Classic Maya Bloodletting*
- *Iconography in Yaxchilan Lintels 24, 25, and 26*. Provo, UT: Brigham Young University, 2010.

麥阿里的眼睛

- Bosker, M., E. Buringh, and J. L. van Zanden. “From Baghdad to London: Unraveling Urban Development in Europe, the Middle East, and North Africa, 800–1800.” *The Review of Economics and Statistics* 95, no. 4 (2013): 1418–1437.

- Margoliouth, D. S. “Abu ‘l-‘Ala al-Maʿarri’s Correspondence on Vegetarianism.” *Journal of the Royal Asiatic Society* (1902): 289.
- Margoliouth, D. S. *Anecdota Oxoniensia: The Letters of Abu ‘l-Ala of Ma‘arrat*. Oxford, UK: Clarendon Press, 1898.
- Rihani, A. *The Luzumiyat of Abu‘l-Ala: Selected from His Luzum ma la Yalzam*. New York: James T. White, 1920.
- “Syrian Poet Al-Ma‘arri: Through the Lens of Disability Studies.” Arablit.org, March 24, 2015. https://arablit.org/2015/03/24/syrian-poet-al-maarri-through-the-lens-of-disability-studies.

跛子帖木兒的腿

- De Clavijo, G. *Embassy to Tamerlane, 1403–1406*. London: G. Routledge & Sons, 1928.
- Froggatt, P. “The Albinism of Timur, Zal, and Edward The Confessor.” *Medical History* 6, no. 4 (1962): 328–342. doi: 10.1017/s0025727300027666.
- Gerasimoc, M. M. *The Face Finder*. London: Hutchinsons, 1971.
- Manz, B. F. *The Rise and Rule of Tamerlane*. Cambridge, UK: Cambridge University Press, 1989.

- Manz, B. F. “Tamerlane’s Career and Its Uses.” *Journal of World History* 13, no. 1 (2002): 1–25. http://www.jstor.org/stable/20078942.
- Quinn, S. A. “Notes on Timurid Legitimacy in Three Safavid Chronicles.” *Iranian Studies* 31, no. 2 (2007): 149–158. doi: 10.1080/00210869808701902.
- Sela, R. *The Legendary Biographies of Tamerlane: Islam and Heroic Apocrypha in Central Asia.* New York: Cambridge University Press, 2011.

理查三世的背

- Appleby, J., et al. “The Scoliosis of Richard III, Last Plantagenet King of England: Diagnosis and Clinical Significance.” *Lancet* 383, no. 9932 (2014): 19–44. https://doi.org/10.1016/S0140-6736(14)60762-5.
- Barras, C. “Teen Growth Spurt Left Richard III with Crooked Spine.” *New Scientist*, May 29, 2014. https://www.newscientist.com/article/dn25651-teen-growth-spurt-left-richard-iii-with-crooked-spine.
- Chappell, B. “Richard III: Not the Hunchback We Thought He Was?” *The Two Way*, NPR.org, May 30, 2014.
- https://www.npr.org/sections/thetwo-way/2014/05/30/317363287/richard-iii-not-the-

hunchback-we-thought-he-was.

- Cunningham, S. *Richard III: A Royal Enigma*. London: Bloomsbury Academic, 2003.
- Lund, M. A. “Richard’s Back: Death, Scoliosis and Myth Making.” *Medical Humanities* 41 (2015): 89–94.
- Metzler, I. *A Social History of Disability in the Middle Ages*. London: Routledge, 2013.
- More, T. *The History of King Richard the Thirde (1513), in Workes*. London: John Cawod, John Waly, and Richarde Tottell, 1557.
- Rainolde, R. *The Foundacion of Rhetorike*. London: Ihon Kingston, 1563.
- Rous, J. “Historia Regum Angliae (1486).” In *Richard III and His Early Historians, 1483–1535*, edited by T. Hearne. Oxford: Clarendon Press, 1975.
- Shakespeare, W. “2 Henry VI (1590–91).” In *The Riverside Shakespeare*, 2nd ed., edited by G. Blakemore Evans and J. J. M. Tobin. Boston: Houghton Mifflin, 1997.
- Shakespeare, W. “3 Henry VI (1590–91).” In *The Riverside Shakespeare*, 2nd ed., edited by G. Blakemore Evans and J. J. M. Tobin. Boston: Houghton Mifflin, 1997.
- Shakespeare, W. “Richard III (1592-93).” In *The Riverside Shakespeare*, 2nd ed., edited by G. Blakemore Evans and J. J. M. Tobin. Boston: Houghton Mifflin, 1997.
- Vergil, *P. English History (1512–13)*. London: J. B. Nichols and Son, 1844.

馬丁・路德的腸子

- BBC News. "Luther's Lavatory Thrills Experts." BBC News, October 22, 2004. http://news.bbc.co.uk/2/hi/europe/3944549.stm.
- Leppin, V. *Martin Luther: A Late Medieval Life.* Grand Rapids, MI: Baker Publishing Group, 2017.
- Munk, L. "A Little Shit of a Man." *The European Legacy 5*, no. 5 (2010): 725–727. doi: 10.1080/713665526.
- Oberman, H. "Teufelsdreck: Eschatology and Scatology in the 'Old' Luther." *The Sixteenth Century Journal* 19, no. 3 (1988): 435–450.
- Oberman, H. *Luther: Man Between God and the Devil*. New Haven, CT: Yale University Press, 1989.
- Roper, L. *Martin Luther: Renegade and Prophet*. New York: Random House, 2017.
- Rupp. E. G. "John Osborne and the Historical Luther." *The Expository Times* 73, no. 5 (1962): 147–151. doi:10.1177/001452466207300505.
- Simon, E. *Printed in Utopia: The Renaissance's Radicalism*. Ropley, UK: John Hunt Publishing, 2020.
- Skjelver, Danielle Meade. "German Hercules: The Impact of Scatology on the Image of

Martin Luther as a Man, 1483-1546." University of Maryland University College. 1-54.
- Wetzel, A., ed. *Radicalism and Dissent in the World of Protestant Reform*. Göttingen: Vandenhoeck & Ruprecht, 2017.

安妮・博林的心臟

- Angell, C. *Heart Burial.* London: Allen and Unwin, 1933.
- Bagliani, A. P. "The Corpse in the Middle Ages: The Problem of the Division of the Body." In *The Medieval World*, edited by P. Linehan and J. L. Nelson, 328–330. New York: Routledge, 2001.
- Bain, F. E. *Dismemberment in the Medieval and Early Modern English Imaginary: The Performance of Difference.* Kalamazoo, MI: Medieval Institute Publications, 2020.
- Brown, E. A. R. "Death and the Human Body in the Late Middle Ages: The Legislation of Boniface VIII on the Division of the Corpse." *Viator* 12 (1981): 221–270.
- Foreman, A. "Burying the Body in One Place and the Heart in Another." *Wall Street Journal*, October 31, 2014.
- https://www.wsj.com/articles/burying-the-body-in-one-place-and-the-heart-in-another-1414779035.

- Meier, A. "Bury My Heart Apart from Me: The History of Heart Burial." *Atlas Obscura*, February 14, 2014. https://www.atlasobscura.com/articles/heart-burial.
- Park, K. "The Life of the Corpse: Division and Dissection in Late Medieval Europe." *Journal of the History of Medicine and Allied Sciences* 50, no. 1 (1995): 111–132. https://doi.org/10.1093/jhmas/50.1.111.
- Rebay-Salisbury, K., M. L. Stig Sorensen, and J. Hughes, eds. *Body Parts and Bodies Whole (Studies in Funerary Archaeology)*. Oxford, UK: Oxbow Books, 2010.
- Weiss-Krejci, E. "Restless Corpses: 'Secondary Burial' in the Babenberg and Habsburg Dynasties." *Antiquity* 75, no. 290 (2001): 769–780.

查理一世和克倫威爾的頭顱

- Clymer, L. "Cromwell's Head and Milton's Hair: Corpse Theory in Spectacular Bodies of the Interregnum." *The Eighteenth Century* 40, no. 2 (1999): 91–112.
- Meyers, J. "Invitation to a Beheading." *Law and Literature* 25, no. 2 (2013): 268–285.
- Preston, P. S. "The Severed Head of Charles I of England Its Use as a Political Stimulus." *Winterthur Portfolio* 6 (1970): 1–13. https://www.journals. uchicago.edu/doi/abs/10.1086/495793?journalCode=wp.

- Sauer, E. “Milton and the Stage-Work of Charles I.” *Prose Studies* 23, no. 1 (2008): 121–146. doi: 10.1080/01440350008586698.
- Skerpan-Wheeler, E. “The First ‘Royal’: Charles I as Celebrity.” *Publications of the Modern Language Association of America* 126, no. 4 (2020): 912–934. doi: 10.1632/pmla.2011.126.4.912.

西班牙卡洛斯II世的下巴

- Alvarez, G., et al. “The Role of Inbreeding in the Extinction of a European Royal Dynasty.” *PloS One* 4, no. 4 (2009): e5174. doi: 10.1371/ journal.pone.0005174.
- Dominguez Ortiz, A. *The Golden Age of Spain, 1516–1659.* Oxford, UK: Oxford University Press, 1971.
- Edwards, J. *The Spain of the Catholic Monarchs, 1474–1520*. New York: Blackwell, 2000.
- Parker, G. *Emperor: A New Life of Charles V.* New Haven, CT: Yale University Press, 2019.
- Saplakoglu, Y. “Inbreeding Caused the Distinctive ‘Habsburg Jaw’ of 17th Century Royals That Ruled Europe.” *Live Science*, December 2, 2019. https://www.livescience.com/habsburg-jaw-inbreeding.html.
- Thompson, E. M., and R. M. Winter. “Another Family with the ‘Habsburg Jaw.’” *Journal of*

Medical Genetics 25, no. 12 (1988): 838–842. doi: 10.1136/ jmg.25.12.838.

- Thulin, L. “The Distinctive ‘Habsburg Jaw’ Was Likely the Result of the Royal Family’s Inbreeding.” *Smithsonian Magazine*, December 4, 2019.
- https://www.smithsonianmag.com/smart-news/distinctive-habsburg-jaw-was-likely-result-royal-familys-inbreeding-180973688.
- Yong, E. “How Inbreeding Killed Off a Line of kings.” *National Geographic*, April 14, 2009.
- https://www.nationalgeographic.com/science/article/how-inbreeding-killed-off-a-line-of-kings.

華盛頓的假牙

- Coard, M. “George Washington’s Teeth ‘Yanked’ from Slaves’ Mouths.” *The Philadelphia Tribune*, February 17, 2020.
- https://www.phillytrib.com/commentary/michaelcoard/coard-george-washington-s-teeth-yanked-from-slaves-mouths/article_27b78ce6-dace- 563c-a170-34f02626d7e5.html.
- Dorr, L. “Presidential False Teeth: The Myth of George Washington’s Dentures, Debunked.” *Dental Products Report*, June 30, 2015. https://www.dentalproductsreport.com/view/presidential-false-teeth-myth-george-washingtons-dentures-debunked.

- Gehred, K. "Did George Washington's False Teeth Come from His Slaves?: A Look at the Evidence, the Responses to That Evidence, and the Limitations of History." *Washington Papers*, October 19, 2016. https://washingtonpapers.org/george-washingtons-false-teeth-come-slaves-look-evidence-responses-evidence-limitations-history.
- "George Washington and Teeth from Enslaved People." Washington Library. https://www.mountvernon.org/george-washington/health/ washingtons-teeth/george-washington-and-slave-teeth.
- "History of Dentures - Invention of Dentures." History of Dentistry, 2021. http://www.historyofdentistry.net/dentistry-history/history-of-dentures.
- Thacker, B. "Disease in the Revolutionary War." Washington Library. https://www.mountvernon.org/library/digitalhistory/digital-encyclopedia/ article/disease-in-the-revolutionary-war.
- Wiencek, H. *An Imperfect God: George Washington, His Slaves, and the Creation of America.* New York: Farrar, Straus and Giroux, 2004.

班奈狄克・阿諾德的腿

- Brandt, C. *The Man in the Mirror: A Life of Benedict Arnold*. New York: Random House,

1994.

- Flexner, J. T. *The Traitor and the Spy: Benedict Arnold and John André*. New York: Harcourt Brace, 1953.
- Grant-Costa, P. "Benedict Arnold's Heroic Leg." *Yale Campus Press*, September 17, 2014. https://campuspress.yale.edu/yipp/benedict-arnolds-heroic-leg.
- Martin, J. K. *Benedict Arnold: Revolutionary Hero (An American Warrior Reconsidered).* New York: New York University Press, 1997.
- Randall, W. S. *Benedict Arnold: Patriot and Traitor.* New York: William Morrow Inc., 1990.
- Seven, J. "Why Did Benedict Arnold Betray America?" *History*, July 17, 2018. https://www.history.com/news/why-did-benedict-arnold-betray-america.

馬拉的皮膚

- Conner, C. D. *Jean Paul Marat: Tribune of the French Revolution.* London: Pluto Press, 2012.
- Glover, M. "Great Works: The Death of Marat, by Jacques-Louis David (1793)." *The Independent*, January 3, 2014.
- https://www.independent.co.uk/arts-entertainment/art/great-works/great-works-death-

marat-jacques-louis-david-1793-9035080.html.
- Gombrich, E. H. *The Story of Art*. Oxford, UK: Phaidon, 1978.
- Gottschalk, L. R. *Jean Paul Marat: A Study in Radicalism*. Chicago: The University of Chicago Press, 1967.
- Jelinek, J. E. "Jean-Paul Marat: The Differential Diagnosis of His Skin Disease." *The American Journal of Dermatopathology* 1, no. 3 (1979): 251–252.
- Schama, S., and J. Livesey. *Citizens: A Chronicle of the French Revolution.* London: Royal National Institute of the Blind, 2005.

拜倫的腳

- Browne, D. "The Problem of Byron's Lameness." *Proceedings of the Royal Society of Medicine* 53, no. 6 (1960): 440–442. doi: 10.1177/003591576005300615.
- Buzwell, G. "Mary Shelley, *Frankenstein* and the Villa Diodati." *Discovering Literature: Romantics & Victorians*, May 15, 2014. https://www.bl.uk/romantics-and-victorians/articles/mary-shelley-frankenstein-and-the-villa-diodati#.
- Hernigou, P., et al. "History of Clubfoot Treatment, Part I: From Manipulation in Antiquity to Splint and Plaster in Renaissance Before Tenotomy." *International Orthopaedics* 41, no. 8

(2017): 1693–1704. doi: 10.1007/s00264-017-3487-1.
- MacCarthy, F. *Byron: Life and Legend.* London: John Murray, 2002.
- Marchand, L. A. *Byron: A Biography*. Volumes 1 and 2. New York: Knopf, 1957.
- Miller, D. S., and E. Davis. "Disabled Authors and Fictional Counterparts." *Clinical Orthopaedics and Related Research* 89 (1972): 76–93.
- Mole, T. "Lord Byron and the End of Fame." *International Journal of Cultural Studies* 11, no. 3 (2008): 343–361. https://doi.org/10.1177/1367877908092589.

哈莉特・塔布曼的大腦

- Bradford, S. H. *Scenes in the Life of Harriet Tubman*. Auburn, NY: W. J. Moses, 1869.
- Clinton, C. *Harriet Tubman: The Road to Freedom*. Boston: Back Bay Books, 2004.
- Hobson, J. "Of 'Sound' and 'Unsound' Body and Mind: Reconfiguring the Heroic Portrait of Harriet Tubman." *Frontiers: A Journal of Women Studies* 40, no. 2 (2019): 193–218. doi: 10.5250/fronjwomestud.40.2.0193.
- Humez, J. M. "In Search of Harriet Tubman's Spiritual Autobiography." *NWSA Journal* 5, no. 2 (1993): 162–182. http://www.jstor.org/stable/4316258.
- Oertel, K. T. *Harriet Tubman: Slavery, the Civil War, and Civil Rights in the 19th Century*.

New York: Routledge, 2016.

- Sabourin, V. M., et al. "Head Injury in Heroes of the Civil War and Its Lasting Influence." *Neurosurgical Focus* 41, no. 1 (2016): E4. doi: 10.3171/2016.3.FOCUS1586.
- Seaberg, M., and D. Treffert. "Harriet Tubman an Acquired Savant, Says Rain Man's Doctor: Underground Railroad Heroine Had Profound Gifts After a Head Injury." *Psychology Today*, February 1, 2017.

貝爾家族的耳朵

- Booth, K. *The Invention of Miracles: Language, Power, and Alexander Graham Bell's Quest to End Deafness.* New York: Simon & Schuster, 2021.
- Bruce, R. V. *Bell: Alexander Graham Bell and the Conquest of Solitude*. Ithaca, NY: Cornell University Press, 1990.
- Gorman, M. E., and W. B. Carlson. "Interpreting Invention as a Cognitive Process: The Case of Alexander Graham Bell, Thomas Edison, and the Telephone." *Science, Technology, & Human Values* 15, no. 2 (1990): 131–164. doi: 10.1177/016224399001500201.
- Gray, C. *Reluctant Genius: Alexander Graham Bell and the Passion for Invention.* Toronto: HarperCollins, 2007.

- Greenwald, B. H. "The Real 'Toll' of A. G. Bell." *Sign Language Studies* 9, no. 3 (2009): 258–265.
- Greenwald, B. H., and J. V. Van Cleve. "A Deaf Variety of the Human Race: Historical Memory, Alexander Graham Bell, and Eugenics." *The Journal of the Gilded Age and Progressive Era* 14, no. 1 (2015): 28–48.
- Mitchell, S. H. "The Haunting Influence of Alexander Graham Bell." *American Annals of the Deaf* 116, no. 3 (1971): 349–356. http://www.jstor.org/stable/44394260.
- "Signing, Alexander Graham Bell and the NAD." *Through Deaf Eyes*, PBS.org. https://www.pbs.org/weta/throughdeafeyes/deaflife/bell_nad.html.

德皇威廉二世的手臂

- Clark, C. Kaiser Wilhelm II. New York: Routledge, 2013.
- Hubbard, Z. S., et al. "Commentary: Brachial Plexus Injury and the Road to World War I." *Neurosurgery* 82, no. 5 (2018): E132–E135. doi: 10.1093/neuros/nyy034.
- Jacoby, M. G. "The Birth of Kaiser William II (1859–1941) and His Birth Injury." *Journal of Medical Biography* 16, no. 3 (2008): 178–183. doi: 10.1258/ jmb.2007.007030.
- Jain, V., et al. "Kaiser Wilhelm Syndrome: Obstetric Trauma or Placental Insult in a

Historical Case Mimicking Erb's Palsy." *Medical Hypotheses* 65, no. 1 (2005): 185–191. doi: 10.1016/j.mehy.2004.12.027.
- Kohut, T. A. *Wilhelm II and the Germans: A Study in Leadership.* Oxford, UK: Oxford University Press, 1991.
- Owen, J. "Kaiser Wilhelm II's Unnatural Love for His Mother 'Led to a Hatred of Britain.'" *The Independent*, November 16, 2013.

瑪麗．馬隆的膽囊

- Aronson, S. M. "The Civil Rights of Mary Mallon." *Rhode Island Medicine* 78 (1995): 311–312.
- Bourdain, A. *Typhoid Mary*. New York: Bloomsbury, 2001.
- Dowd, C. *The Irish and the Origins of American Popular Culture*. Oxfordshire, UK: Routledge, 2018.
- Leavitt, J. W. "'Typhoid Mary' Strikes Back: Bacteriological Theory and Practice in Early Twentieth-Century Public Health." *Isis* 83, no. 4 (1992): 608–629. http://www.jstor.org/stable/234261.
- Marinelli, F., et al. "Mary Mallon (1869–1938) and the History of Typhoid Fever." *Annals of*

Gastroenterology 26, no. 2 (2013): 132–134.

- Soper, G. A. "The Curious Career of Typhoid Mary." *Bulletin of the New York Academy of Medicine* 15, no. 10 (1939): 698–712.
- Wald, P. "Cultures and Carriers: 'Typhoid Mary' and the Science of Social Control." *Social Text* no. 52/53 (1997): 181–214. doi: 10.2307/466739.

列寧的皮膚

- Fann, W. E. "Lenin's Embalmers." *The American Journal of Psychiatry* 156, no. 12 (1999): 2006–2007.
- Lophukhin, I. M. *Illness, Death, and the Embalming of V. I. Lenin: Truth and Myths*. Moscow: Republic, 1997.
- "Preserving Chairman Mao: Embalming a Body to Maintain a Legacy." *The Guardian*, September 11, 2016. https://www.theguardian.com/world/2016/sep/11/preserving-chairman-mao-embalming-a-body-to-maintain-a-legacy.
- Yegorov, O. "After Death Do Us Part: How Russian Embalmers Preserve Lenin and His 'Colleagues.'" *Russia Beyond*, November 16, 2017. https://www.rbth.com/history/326748-after-death-do-us-part-russian-art-of-embalming.

- Yurchak, A. "Bodies of Lenin: The Hidden Science of Communist Sovereignty." *Representations* 129 (2015): 116–157.

秋瑾的雙腳

- "1907: Qiu Jin, Chinese Feminist and Revolutionary." ExecutedToday.com, July 15, 2011. http://www.executedtoday.com/tag/chiu-chin.
- Hagedorn, L. S. and Y. Zhang (Leaf). "China's Progress Toward Gender Equity: From Bound Feet to Boundless Possibilities." PhD dissertation, Iowa State University, 2010.
- Hong, F., and J. A. Mangan. "A Martyr for Modernity: Qui Jin—Feminist, Warrior and Revolutionary." *The International Journal of the History of Sport* 18 (2001): 27–54.
- Keeling, R. "The Anti-Footbinding Movement, 1872–1922: A Cause for China Rather Than Chinese Women." *Footnotes* 1 (2008): 12–18.
- Wang, D. D-W. *A New Literary History of Modern China*. Cambridge, MA: Harvard University Press, 2017.
- Wang, P. *Aching for Beauty: Footbinding in China*. New York: Anchor Books, 2000.
- Zarrow, P. "He Zhen and Anarcho-Feminism in China." *The Journal of Asian Studies* 47, no. 4 (1988): 796–813.

愛因斯坦的大腦

- Altman, L. K. "So, Is This Why Einstein Was So Brilliant?" *New York Times*, June 18, 1999.
- Arenn, C. F., et al. "From Brain Collections to Modern Brain Banks: A Historical Perspective." *Alzheimer's & Dementia: Translational Research & Clinical Interventions* 5 (2019): 52–60. https://www.ncbi.nlm.nih.gov/pmc/articles/ PMC6365388.
- Burrell, B. *Postcards from the Brain Museum: The Improbable Search for Meaning in the Matter of Famous Minds*. New York: Broadway Books, 2005.
- Goff, J. "Mussolini's Mysterious Stay at St. Elizabeths." Boundary Stones, WETA.org, July 28, 2015. https://boundarystones.weta.org/2015/07/28/ mussolini%E2%80%99s-mysterious-stay-st-elizabeths.
- Hughes, V. "The Tragic Story of How Einstein's Brain Was Stolen and Wasn't Even Special." *National Geographic*, April 21, 2014. https://www.nationalgeographic.com/science/article/the-tragic-story-of-how-einsteins-brain-was-stolen-and-wasnt-even-special#close.
- Kremer, W. "The Strange Afterlife of Einstein's Brain." BBC, April 18, 2015. https://www.bbc.com/news/magazine-32354300.
- Lepore, F. E. *Finding Einstein's Brain*. New Brunswick, NJ: Rutgers University Press, 2018.
- Levy, S. "My Search for Einstein's Brain." *New Jersey Monthly*, August 1, 1978. https://

njmonthly.com/articles/historic-jersey/ the-search-for-einsteins-brain.
- Murray, S. “Who Stole Einstein’s Brain?” *MD Magazine*, April 9, 2019. https://www.hcplive.com/view/who-stole-einsteins-brain.

芙烈達的脊椎

- Courtney, C. A. “Frida Kahlo’s Life of Chronic Pain.” Oxford University Press Blog, January 23, 2017. https://blog.oup.com/2017/01/ frida-kahlos-life-of-chronic-pain.
- Frida Kahlo Foundation. “Frida Kahlo: Biography.” www.frida-kahlo-foundation.org.
- Fulleylove, R. “Exploring Frida Kahlo’s Relationship with Her Body.” Google Arts & Culture. https://artsandculture.google.com/story/EQICSfueb1ivJQ?hl=en.
- Herrera, H. *Frida: A Biography of Frida Kahlo.* New York: Harper Perennial, 2002.
- Luiselli, V. “Frida Kahlo and the Birth of Fridolatry.” *The Guardian*, June 11, 2018. https://www.theguardian.com/artanddesign/2018/jun/11/ frida-kahlo-fridolatry-artist-myth.
- Olds, D. “Frida Isn’t Free: The Murky Waters of Creating Crafts with Frida Kahlo’s Image and Name.” Craft Industry Alliance, October 22, 2019. https://craftindustryalliance.org/frida-isnt-free-the-murky-waters-of-creating-crafts-with-frida-kahlos-image-and-name.
- Rosenthal, M. *Diego and Frida: High Drama in Detroit.* Detroit, MI: Detroit Institute of Arts,

2015.

- Salisbury, L. W. “Rolling Over in Her Grave: Frida Kahlo’s Trademarks and Commodified Legacy.” Center for Art Law, August 2, 2019. https://itsartlaw.org/2019/08/02/rolling-over-in-her-grave-frida-kahlos-trademarks-and-commodified-legacy.
- Sola-Santiago, F. “Cringeworthy 1932 Newspaper Clip Called Frida Kahlo ‘Wife of the Master Mural Painter’ Diego Rivera.” Remezcla, August 15, 2018. https://remezcla.com/culture/1932-newspaper-clip-called-frida-kahlo-wife-of-the-master-mural-painter-diego-rivera.

艾倫・雪帕德的膀胱

- Best, S. L., and K. A. Maciolek. “How Do Astronauts Urinate?” *Urology* 128 (2019): 9–13.
- Brueck, H. “From Peeing in a ‘Roll-on Cuff’ to Pooping into a Bag: A Brief History of How Astronauts Have Gone to the Bathroom in Space for 58 Years.” *Business Insider*, July 17, 2019. https://www.businessinsider.com/ how-nasa-astronauts-pee-and-poop-in-space-2018-8.
- Hollins, H. “Forgotten Hardware: How to Urinate in a Spacesuit.” *Advances in Physiology Education* 37 (2013): 123–128.

- Maksel, R. “In the Museum: Toilet Training.” *Air and Space Magazine*, September 2009.
- Thornton, W., H. Whitmore, and W. Lofland. “An Improved Waste Collection System for Space Flight.” SAE Technical Paper, 861014, July 14, 1986. https://doi.org/10.4271/861014.

國家圖書館出版品預行編目(CIP)資料

身體上的世界史：馬丁路德的腸子、秋瑾的小腳、華盛頓的假牙，他們的身體如何改變歷史？/ 凱瑟琳．皮特拉斯 (Kathryn Petras), 羅斯．皮特拉斯 (Ross Petras) 合著；林楸燕譯．-- 初版．-- 臺北市：日出出版：大雁文化事業股份有限公司發行, 2023.02
面；14.8*20.9 公分

譯自：A history of the world through body parts : the stories behind the organs, appendages, digits, and the like attached to (or detached from) famous bodies

ISBN 978-626-7261-13-2(平裝)

1.CST: 世界史 2.CST: 人體生理學

711 111022011

身體上的世界史

馬丁路德的腸子、秋瑾的小腳、華盛頓的假牙，他們的身體如何改變歷史？

作　　者 凱瑟琳・皮特拉斯(Kathryn Petras)、羅斯・皮特拉斯(Ross Petras)
譯　　者 林楸燕
責任編輯 李明瑾
協力編輯 吳愉萱
封面設計 張　巖
內頁排版 陳佩君
發 行 人 蘇拾平
總 編 輯 蘇拾平
副總編輯 王辰元
資深主編 夏于翔
主　　編 李明瑾
業　　務 王綬晨、邱紹溢
行　　銷 曾曉玲、廖倚萱
出　　版 日出出版
地址：台北市復興北路 333 號 11 樓之 4
電話（02）27182001　傳真：（02）27181258
發　　行 大雁文化事業股份有限公司
地址：台北市復興北路 333 號 11 樓之 4
電話（02）27182001　傳真：（02）27181258
讀者服務信箱 E-mail:andbooks@andbooks.com.tw
劃撥帳號：19983379 戶名：大雁文化事業股份有限公司
初版一刷 2023 年 2 月
定　　價 420 元

ISBN 978-626-7261-13-2